W0040508

Zeitwohlstand für alle

Stefan Boes

**Wie wir endlich tun,
was uns wirklich wichtig ist**

Perspective
Daily

1. Auflage 2021
ISBN: 978-3-00-070433-8

Lektorat: Ariana Zustra
Endlektorat: Elizabeth Neumann
Gestaltung und Satz: Doğu Kaya
Illustrationen: Mirella Kahnert
Autorenfoto: Teresa Kröger
Druck: Wirmachendruck GmbH

© 2021 Perspective Daily UG
Prinzipalmarkt 21/22/23, 48143 Münster

Alle Rechte, insbesondere das Recht der Vervielfältigung und Verbreitung sowie der Übersetzung, vorbehalten. Kein Teil des Werkes darf in irgendeiner Form (durch Fotokopie, Mikrofilm oder ein anderes Verfahren) ohne schriftliche Genehmigung des Verlages reproduziert oder unter Verwendung elektronischer Systeme gespeichert, verarbeitet, vervielfältigt oder verbreitet werden.

Inhalt

»Make me wonder where the time went« –
Elena Tonra

Einleitung

Eine Insel in der Zeit

Vor einiger Zeit habe ich meine Armbanduhr abgeschafft. Ich trage sie nur noch, wenn ich Lust dazu habe. Einmal machte mich ein Freund Tage nach der Umstellung auf die Sommerzeit darauf aufmerksam, dass ich meine Uhr noch nicht angepasst hatte. Mir selbst war das nicht aufgefallen. Ich hatte sie nur getragen, weil ich sie schön fand, und offensichtlich nicht ein einziges Mal darauf geschaut. Einen Wecker benutze ich schon lange nicht mehr. Ich brauche ihn nicht. Seit sehr langer Zeit habe ich diesen Wunsch, mich von den Zwängen der Uhrzeit zu befreien. Weniger gestresst zu sein, meinen eigenen Rhythmus zu finden, frei zu entscheiden, was ich wann tue. Vor allem: endlich einmal genug freie Zeit zu haben, um die Dinge zu tun, die ich schon immer tun wollte, und um die Dinge zu lassen, die ich nicht tun will. Ich führe keine Aufgabenlisten und erst recht keine sogenannten Bucketlists, mit denen ich mir vor Augen führe, was ich vor meinem Tod noch alles erledigen muss. Ich komme sehr gut ohne diese Listen zurecht.

Doch wenn ich ehrlich bin, liegt das nicht daran, dass da nichts wäre, was ich noch zu erledigen hätte. Würde ich anfangen, diese Listen zu schreiben, gäbe es kein Ende. Ich habe es natürlich nicht geschafft, mich von den äußeren und selbst auferlegten Fristen, Pflichten, Zielen und Vorgaben zu befreien, die mein Handeln bestimmen. Eine Armbanduhr brauche ich nur deswegen nicht, weil mir die Uhrzeit ohnehin ständig begegnet: auf meinem Smartphone oder meinem Computerbildschirm, an dem ich arbeite. Und einen Wecker brauche ich deshalb nicht, weil meine Kinder ohnehin früh wach werden und mich wecken. Dann schaue ich automatisch auf die Uhr – meistens ist es etwa 6.30 Uhr morgens, und von diesem Moment an wird mich die Uhrzeit für den Rest des Tages im Griff haben. Ich beginne einen Tag, der bereits bis ins Detail geplant ist, noch bevor ich überhaupt einen Fuß auf den Boden gesetzt habe. Die folgenden 16 Stunden sind bestimmt von Aufgaben und Terminen. Erst wenn ich abends im Bett liege, komme ich wieder zur Ruhe und kann, falls meine Kinder mich lassen, sieben Stunden schlafen.

Jeder Tag hat 24 Stunden, die Woche sieben Tage, jeder Wochentag kehrt wieder, jeder Monat beginnt von Neuem bei eins und meistens schneller, als es uns recht ist. Die Zeit gibt unserem Alltag einen Rhythmus. Das Leben gleicht keinem offenen Kontinuum, keinem steten Fluss, den wir willkürlich in Abschnitte einteilen. Der Rhythmus der Zeit orientiert sich an physikalischen Vorgängen, Abläufen in der Natur und sozialen Zeitstrukturen, die über Jahrhunderte unser Zusammenleben geprägt haben. Morgens, mittags, Mittwoch, Donnerstag, Mai, Juni, Herbst, Winter – das alles ist real. Wir können der Zeit nicht entkommen, aber wir können etwas anderes beeinflussen: was die Zeit mit uns macht, oder vielmehr, was wir die Zeit mit uns machen lassen. Ob wir ihr ruhig oder hektisch begegnen, ob sie einfach an uns vorübergeht, beiläufig und flüchtig, oder ob wir uns in ihr aufgehoben fühlen und präsent sind. Die Frage, wie wir leben wollen, ist gleichbedeutend mit der Frage, wie wir unsere Zeit verbringen wollen. Es geht darum, welchen Menschen, welchen Aufgaben und welchen Dingen wir Aufmerksamkeit schenken. Nur dort, wo wir gegenwärtig sind, findet unser Leben statt.

Es ist zwar zum Glück nicht so, dass ich ständig unter Zeitdruck stehe und mich mit allem beeilen muss. Doch was ich nur selten in meinem Leben erreiche, ist ein Zustand, in dem die Zeit nicht von Belang ist. Es sind seltene, kostbare Augenblicke und Phasen, in denen ich denke: Jetzt habe ich endlich einmal Zeit. Oder noch besser: Augenblicke, in denen ich gar nicht spüre, dass die Zeit da ist. Es liegt an mir, dass ich das so selten schaffe. Und es liegt an unserer Gesellschaft, die den Wert der Zeit quantitativ und ökonomisch bemisst: Je mehr wir in einer bestimmten Zeitspanne erledigen und erleben können, desto besser! Und es liegt an einer Kultur, die seit Jahrhunderten eine sorgsame, will heißen, eine effiziente, zweckorientierte Nutzung von Zeit hochhält.

Diesen Prägungen, die den Strukturen unserer wohlhabenden, spätmodernen Gesellschaften des Globalen Nordens tief eingeschrieben sind und unsere individuelle Lebensführung bestimmen, werde ich im ersten Teil dieses Buchs nachgehen. Im zweiten Teil werde ich dem Ideal der Effizienzsteigerung, der Nützlichkeit, der Selbstverwirklichung und -optimierung etwas entgegenstellen, was ich als zeitökologischen Lebensstil begreife. Dabei treten die persönlich empfundene Qualität der Zeit, die Selbstbestimmung über ihre Verwendung und die Achtung

unserer körperlichen und psychischen Ressourcen in den Vordergrund. Es geht um eine gesellschaftliche und individuelle
Neubewertung dessen, was Zeit wertvoll erscheinen lässt. Ich
stelle aber auch konkrete Ideen vor, die uns dabei helfen, souve-
räner und nachhaltiger mit der Zeit umzugehen – etwa durch
Phasen des Nichtstuns, eine Verlangsamung des Lebenstempos, Aufmerksamkeitsübungen und eine Beschränkung unserer
digitalen Aktivitäten.

Grundlage für ein solches zeitsouveränes Handeln sind aber
nicht nur individuelle Handlungs- und Bewältigungsstrategien,
sondern auch politische, wirtschaftliche und gesellschaftliche
Veränderungen. Dazu zählen die Flexibilisierung und Reduzierung von Arbeitszeit, eine gerechtere Verteilung von Arbeit,
neue Arbeitsmodelle und neue Konzepte in der Sozialpolitik,
etwa ein Grundeinkommen oder sogenannte Lebensarbeitszeitkonten. Anhand dieser Ideen zeige ich im dritten Teil des Buchs
Möglichkeiten auf, die uns nicht nur anders über die Zeit denken lassen, sondern die notwendigen Voraussetzungen schaffen,
um mehr Zeit zu haben, ohne aber dadurch an ökonomischem
Wohlstand einzubüßen und sich einem Armutsrisiko auszuset-
zen. Ich möchte in diesem Buch die Idee einer anderen Form
des Reichtums entwickeln, die sich nicht an Geld und materiellem Besitz orientiert. Es ist die Idee von einem Leben in
Zeitwohlstand, das nicht nur einer privilegierten Schicht offensteht, sondern möglichst allen Menschen einer Gesellschaft.
Wenn das gelingt, gewinnen wir Zeit, die wir sinnvoll für uns
und die Gemeinschaft nutzen können. Das kommt letztlich
der gesamten Gesellschaft zugute, die dann weniger auf individuellen Erfolg, wirtschaftliches Wachstum und materiellen
Konsum, dafür aber stärker auf Nachhaltigkeit, Fürsorge und
Gemeinwohl ausgerichtet ist.

Dieses Buch ist eine Suche nach den Inseln der Zeit, die uns

Auszeiten verschaffen und uns, zumindest vorübergehend, von den Zwängen der Uhrzeit befreien. Diese Inseln sind etwas, was wir gestalten müssen, vielleicht auch etwas, was wir wiederentdecken müssen – ein Raum, in dem die Zeiger der Uhren weiterrücken, ohne dass wir es bemerken, weil es keine große Rolle spielt. Diese Inseln sind vielleicht ein wenig versteckt, und manche drohen ganz zu verschwinden. Begeben wir uns also auf die Suche.

Teil 1: Warum wir in Eile geraten

Kapitel 1

Die Suche nach der gewonnenen Zeit

Wie wir unsere Zeit gestalten, ist tief verinnerlicht und kulturell geprägt. Wenn wir anders mit der Zeit umgehen und anders über sie denken wollen, dann müssen wir zunächst verstehen, worauf unser bisheriges Denken überhaupt fußt. Wo liegt der Ursprung unserer Zeitkultur der Eile? Unser Lebensrhythmus, unsere Arbeitsweisen, unsere Art, Zeit zu verbringen und im Lebensverlauf zu organisieren, haben sich in den vergangenen Jahrzehnten und Jahrhunderten stark gewandelt. Doch scheinbar unberührt davon ändert sich nur wenig daran, wie wir die Zeit empfinden: nämlich prinzipiell als etwas, was knapp ist und daher sehr sorgsam genutzt sein will. Natürlich gibt es nicht eine einzige, irgendwann einsetzende Entwicklung, deren Verlauf sich über die Jahrhunderte einfach nachzeichnen ließe. Doch es gab eine Erfindung, ohne die wir wohl niemals so sehr in Eile geraten wären. Damit uns Menschen Zeit als knappes Gut erschien, brauchte es zwei Voraussetzungen: ein Bewusstsein für das Vergehen der Zeit – und deren Sichtbarkeit.

Ich beginne die Suche nach dem Ursprung unserer Zeitkultur der Eile also an einem Ort, an dem Zeit sichtbar geworden ist – in der Werkstatt des Nürnberger Feinmechanikers und Schlossermeisters Peter Henlein. Als dieser im Jahr 1510 ein kleines, aus Eisen und Messing geschmiedetes Räderwerk in Gang setzte, das sich eine Zeit lang gleichmäßig drehte und dann wieder anhielt, ahnte er wohl nicht, welchen Einfluss dieser unscheinbare Apparat in den folgenden Jahrhunderten entfalten würde. Zwar ist umstritten, ob Peter Henlein zu Recht als Erfinder der ersten Taschenuhr gilt. Doch das von ihm entwickelte Uhrwerk in Form einer Dose genießt zumindest den Status als eine der ältesten erhaltenen mechanischen Kleinuhren. Heute wird sie im Germanischen Nationalmuseum in Nürnberg ausgestellt und erinnert an eine längst vergangene Zeit, als die Uhr noch keine ständige Alltagsbegleiterin war. Bis ins 13. Jahrhundert hinein hatten die Menschen ihren Alltag ohne eine konkrete Vorstellung von Zeit gestaltet. Sie orientierten sich nicht an Uhren, sondern an den Gegebenheiten der Umwelt. Die Zeit bestand nicht aus messbaren Einheiten, sie verlief nicht linear, sondern war zyklisch – ein ewiger Kreislauf. Es gab keinen welthistorischen Zusammenhang, in den sich die Menschen einordneten. Im christlichen Europa hatte der mittelalterliche Kalender zwar bereits eine konkrete Bedeutung für die Menschen. Der Verlauf eines Tages aber richtete sich nicht nach Kalendern und Uhrzeiten, sondern nach dem Krähen des Hahns, der Mittagshitze, dem Einbruch der Dunkelheit und der Nacht. Zeitgeber waren nicht Uhren, sondern die Natur, die Tiere und die Aufgaben, die in einer bestimmten Reihenfolge zu bewältigen waren.

Uhren übten zwar offensichtlich eine besondere Faszination auf Peter Henlein aus und er interessierte sich vermutlich für das Wesen der Zeit. Doch in seinem Alltag dürfte beides noch keine allzu große Rolle gespielt haben. Henleins Werkstatt lag direkt neben seinem Wohnhaus. Die Trennung von Beruf und Privatleben war aber eine Kategorie, in der damals nicht gedacht wurde. Wohnraum, Produktions- und Vertriebsort waren eine Einheit. In seinem berühmten Aufsatz »Zeit, Arbeitsdisziplin und Industriekapitalismus« aus dem Jahr 1967 beschreibt der britische Sozialtheoretiker E. P. Thompson, welche Rolle die Zeit in der vorindustriellen, von Landwirtschaft und Handwerk geprägten Arbeitswelt spielte. »Solange sich die Produktion in Heimarbeit und kleineren Werkstätten ohne weitgehende Arbeitsteilung vollzog, blieb auch das notwendige Ausmaß an Synchronisation gering, die Orientierung an den Aufgaben weiterhin vorherrschend«, schreibt Thompson. Arbeit und Freizeit waren kaum getrennt. Persönliche Kontakte und berufliche Aufgaben vermischten sich, der Arbeitstag verlängerte oder verkürzte sich je nach zu bewältigender Aufgabe: »Es gibt kaum das Gefühl eines Konflikts zwischen ›Arbeit‹ und ›Zeit verbringen‹.« Thompson dachte auch darüber nach, »ob dies nicht ein natürlicher menschlicher Arbeitsrhythmus sei«. Die aufgabenbezogene Zeiteinteilung sei für den Menschen verständlicher als die Arbeit nach der Uhr. Der Bauer oder Landarbeiter erfülle eine Aufgabe, deren Notwendigkeit er unmittelbar wahrnehme.

Wie die Fischer im Hafen

Ein eindrückliches Beispiel für diesen natürlichen Rhythmus des Lebens und Arbeitens findet sich auch in Goethes Reisebericht »Italienische Reise«. Im Mai 1787, zu einer Zeit also, als von England die industrielle Revolution ausging, reiste der damals 37-jährige Dichter, erschöpft von seinen Tätigkeiten im Weimarer Staatsdienst, nach Neapel. Dort musste er feststellen, dass das Leben in der Stadt anders war, als er es erwartet hatte. Er hatte gehört, dass »dreißig- bis vierzigtausend Müßiggänger in Neapel zu finden wären«. Goethe, der erst Monate zuvor in Italien gewesen war, vermutete, »dass dies wohl eine nordische Ansicht sein möchte, wo man jeden für einen Müßiggänger hält, der sich nicht den ganzen Tag ängstlich abmüht«. So stieß er zwar auf Menschen, die er »hie und da stillstehen oder ruhen fand«, doch er erkannte auch, dass dies Leute waren, »deren Beruf es in dem Augenblick mit sich brachte«. Da waren die Lastträger, die an verschiedenen Plätzen standen und nur darauf warteten, bis sie jemanden bedienen konnten. Die Schiffer, die an der Mole standen und Pfeife rauchten. Die Kalessaren, also Kutscher, die »auf den großen Plätzen stehen, ihre Pferde besorgen und einem jeden, der sie verlangt, zu Diensten sind«. Und dann waren da noch die Fischer, »die an der Sonne liegen, weil vielleicht ein ungünstiger Wind weht, der ihnen auf das Meer auszufahren verbietet«. Nein, Müßiggänger konnte der Deutsche hier nicht finden. Es trug »ein jeder ein Zeichen seiner Tätigkeit mit sich«, notierte Goethe.

Dank seiner italienischen Reise lernen wir Personen wie den Kalessaren, den Lastträger und den Fischer im Hafen kennen. Sie erscheinen uns heute so fremd wie sicher damals schon vielen Nordeuropäer:innen wie Goethe, die längst nicht mehr draußen im Freien arbeiteten, sondern in geschlossenen Fabriken, Handwerksbetrieben und Amtsstuben. Dass sie uns fremd sind, liegt nicht nur an ihren beruflichen Aufgaben. Es ist heute kaum noch vorstellbar, dass das Warten auf Kundschaft, auf besseren Wind oder sonstige vom Zufall bestimmte Gelegenheiten ein fester Bestandteil des Alltags ist. Unproduktiv zu sein gleiche heute einem Akt des politischen Widerstands, schreibt die Künstlerin und Schriftstellerin Jenny Odell in ihrem Buch »Nichts tun«. *Nichts* sei nur vom Standpunkt kapitalistischer Produktivität aus gesehen nichts. Das erkläre, dass die Absicht, nichts zu tun, heute in gewisser Weise ein Aktionsplan sei. Das Ziel bestehe darin, »unseren Fokus der Aufmerksamkeitsökonomie zu entreißen und ihn im öffentlichen, physischen Raum neu zu verankern«. So wie für die Fischer im Hafen das Nichtstun keine verschwendete Zeit war, ist es das auch für Odell nicht. Doch untätig zu sein ist eine Kunst, die viele von uns kaum noch beherrschen. »Nichts ist schwerer als das Nichtstun«, bemerkt Odell.

Ein Leben, das nicht dem Takt der Zeit untergeordnet ist, scheint heute unvorstellbar. Alles, was wir tun, tun wir innerhalb von Sekunden, Minuten und Stunden. Nicht nur die Erwerbsarbeit ist zeitlich meist klar geregelt. Auch die Dinge außerhalb unseres Berufslebens, für die wir uns Zeit nehmen, haben oft ein festgelegtes Limit – etwa das Kochrezept, die Meditationseinheit, der Zeitungsartikel oder die Serienepisode. Wir haben gelernt, mit unserer Zeit zu haushalten, als wäre sie ein knappes Gut, von dem es immer weniger zu geben scheint. Was ist geschehen, das die Menschen dazu veranlasst hat, ihren Lebensrhythmus zu wechseln? Es wird, wie eingangs erwähnt, kaum allein daran gelegen haben, dass sich in der Werkstatt von Peter Henlein ein neuartiges Räderwerk in Gang setzte und nach einer gewissen Zeit wieder anhielt. Also: Wie konnten wir nur so in Eile geraten?

Die Erfindung der Zeit

Die Erfindung der Taschenuhr fällt in eine Zeit, in der sich das Zeitverständnis der Menschen grundlegend veränderte. Etwa mit Beginn des 14. Jahrhunderts kam es zu einer Verbreitung der Uhren. Bis der Privatbesitz einer Uhr üblich war, dauerte es zwar noch einige Jahrhunderte – doch öffentliche Turmuhren waren um 1400 an den Kirchen und Rathäusern europäischer Städte schon häufig zu sehen. Vor allem dort wurde die Zeit immer sichtbarer. »Während sich die agrarische Welt weiter an der Natur orientiert, entwickelt sich in der städtischen Welt langsam ein neues Verhältnis zur Zeit«, schreibt der Wirtschaftshistoriker Peter Borscheid in seinem Buch »Das Tempo-Virus«. Und weiter: »Wichtige Beschleunigungsimpulse des Spätmittelalters haben ihren Ursprung in der Verdichtung des Sozialraums, also im Bevölkerungswachstum und in den Bevölkerungsballungen des 15. und 16. Jahrhunderts, welche eine Koordinierung der menschlichen Aktivitäten erzwingen.« Seitdem, so Borscheid, mussten sich die Menschen stärker aufeinander abstimmen als in vormodernen Gesellschaften.

Mit zunehmender Arbeitsteilung sei der Koordinationsbedarf weiter gestiegen. Die Wirtschaftsstrukturen der Städte veränderten sich, es entstanden neue Formen des Handelns, der Buchführung und des Kreditwesens. Unter allen Berufsgruppen seien Kaufleute die Ersten gewesen, bei denen die neue Form der Zeitmessung zu dem Wunsch geführt habe, Zeit einzusparen. Es sei das Bewusstsein entstanden, dass Zeit Geld ist. Die Kaufleute etablierten mit ihrem länderübergreifenden Transport von Waren und Informationen ein Handelsnetzwerk. Sie mussten Strategien entwickeln, um ihre hohen Transportkosten zu verringern. Nur so konnten sie gegenüber der Konkurrenz bestehen. Ihr Ziel sei es gewesen, den Raum durch Geschwindigkeit zu verkleinern, schreibt Borscheid. In der Stadt sei die naturale Steuerung der Arbeits- und Lebensrhythmen zuerst von einem rationalen, neutralen Ordnungsschema abgelöst worden.

Nicht erst die industrielle Revolution ab etwa 1760 – mit der Verbreitung der Dampfmaschine, der zunehmenden Beschleunigung von Verkehr und Transport, der Entwicklung der Telegrafie und des Fernsprechers – hat also zu einem veränderten Zeitbewusstsein geführt. Doch es brauchte erst die Möglichkeiten der industriellen Produktion, bis sich Uhren in der Bevölkerung verbreiteten und für viele Menschen erschwinglich wurden. »Die Uhr, nicht die Dampfmaschine, ist die wichtigste Maschine des Industriezeitalters«, behauptete 1934 der Schriftsteller und Architekturkritiker Lewis Mumford. Sie sei nicht nur ein Mittel, um den Menschen zu sagen, was die Stunde geschlagen hat, sondern sie diene dazu, die Tätigkeiten der Menschen zu synchronisieren. Das wurde mit der massenhaften Verfügbarkeit von Uhren ermöglicht. Die jährliche Weltproduktion für Taschenuhren lag am Ende des 18. Jahrhunderts noch bei etwa 400.000 Stück. Bis 1875 stieg die Produktion auf mehr als 2,5 Millionen, wie der Historiker Jürgen Osterhammel in »Die Verwandlung der Welt« schreibt, einem Standardwerk zur Geschichte des 19. Jahrhunderts.

Hinzu kam: Mit der Verbreitung der Uhren wurde auch die Zeitmessung vereinheitlicht. »Um 1800 findet man in keinem Land der Welt eine Synchronisation von Zeitsignalen über die Grenzen einer Stadt hinaus. Jeder Ort und zumindest jede Region stellte die Uhren nach der jeweiligen Einschätzung des Sonnenhöchststandes«, schreibt Osterhammel. Doch spätestens mit der internationalen Meridiankonferenz 1884, bei der sich Delegierte aus 25 Ländern in Washington trafen, kam es zur Gleichstellung der Uhren. Damals hatten sich die Länder auf die Weltzeit geeinigt, die *standard time*. Die Welt wurde in 24 Zeitzonen eingeteilt, die sich jeweils über 15 Längengrade erstrecken. Auch wenn nicht alle Staaten dem neuen Standard sofort beitraten: Von dort an gab es eine globale Zeit – die Zeit, wie wir sie heute kennen. Es war jetzt nicht mehr notwendig, sich in jeder Stadt zu erkundigen, welche Zeit dort galt. Weil Uhren inzwischen verbreitet waren, war es nicht mehr nötig, hoch zum Kirchturm zu blicken, um die lokal gültige Zeit zu erfahren. Die Menschen konnten die Weltzeit nun auf einem Gerät in der eigenen Hand ablesen. Das führte zwangsläufig zu einer veränderten Zeitwahrnehmung – und ist trotzdem nur eine unvollständige Antwort darauf, warum sich der Umgang mit der Zeit so stark verändert hat. Denn die Allgegenwärtigkeit der Uhrzeit war mehr als eine technische Neuerung. Dort, wo Uhren sich verbreiteten, muss es auch ein Bedürfnis gegeben haben, Zeit einheitlich zu messen. Es ist also zu kurz gegriffen, dass allein die technische Möglichkeit der Zeitmessung dazu geführt habe, dass Menschen ihr Leben zunehmend danach ausrichteten – so, als hätten sie gar keine andere Wahl.

Fauler Zauber

Uhren sind Maschinen, die die Zeit wiederzugeben scheinen. Zeit tritt uns so als etwas Faktisches entgegen, »das einen merkwürdigen Zwang über die Menschen auszuüben vermag«, schreibt Helga Nowotny in ihrem zeitsoziologischen Klassiker »Eigenzeit« aus dem Jahr 1987. Uhren ließen uns glauben, »sie verkörperten Zeit, die ohne unser Zutun abläuft und sich nicht festhalten lässt. Wir glauben, uns danach richten zu müssen«.

Allerdings sei die Uhrzeit nur ein Mittel, das es uns ermögliche, unsere Tätigkeiten zu koordinieren. »Es sind wir Menschen, die Zeit machen«, schreibt Nowotny.

Während Uhren etwas Mechanisches sind, ist Zeit vielschichtiger und schwerer zu greifen. Wie wir Zeit erleben und gestalten, ist nicht allein mit dem Sonnenstand und der Erdrotation, dem Wechsel von Tag und Nacht und von Monaten und Jahren zu erklären. Dieser physikalische Charakter der Zeit könnte zwar der Grund dafür sein, warum wir Zeit als eine so mächtige und feste Größe erleben. Jedoch erklärt er nicht, warum wir uns den Zwängen der Zeit unterworfen fühlen. Sekunden, Minuten und Stunden sind weder reine soziale Konstrukte, mit dem Zweck, Gesellschaften zu synchronisieren, noch sind sie nur physikalische Einheiten. Das bedeutet: Es gibt natürliche Gründe dafür, dass der Tag 24 Stunden hat und das Jahr 365 (oder 366) Tage. Wir können nicht beeinflussen, dass in diesen Zeitspannen bestimmte physikalische und biologische Prozesse stattfinden und wiederkehren. Was wir aber verändern können, sind unser Empfinden und die Strukturen der Zeit. Denn diese ist ein »zutiefst kollektiv gestaltetes und geprägtes symbolisches Produkt menschlicher Koordination und Bedeutungszuschreibung«, so Nowotny.

Als das gesellschaftliche Bedürfnis aufkam, Zeit einheitlich zu messen, ging es nicht nur darum, zu *wissen*, wie spät es war. Es ging darum, nach diesem Wissen zu *handeln*. Doch warum genügte es nicht mehr, sich an den Tag-Nacht-Wechsel zu halten? Was war der Auslöser dafür, dass Menschen sich nicht mehr nur den Zwängen der Natur unterwarfen, sondern zusätzlich denen der Uhren? Eine Antwort darauf gibt Max Weber. Sein 1904 erschienenes Buch »Die protestantische Ethik und der Geist des Kapitalismus« ist weit über die Fachgrenzen der Soziologie bekannt. Weber beschreibt darin die schicksalhafte

Verbindung der Weltanschauung der Protestant:innen – insbesondere der Calvinist:innen – mit den wesentlichen Elementen des Kapitalismus. Die religiöse Lehre des Calvinismus prägen Werte wie Askese, Frömmigkeit und das Verständnis der eigenen beruflichen Arbeit als göttliche Berufung, die es mit Fleiß und sichtbaren Erfolgen zu erfüllen gilt. Der Calvinismus geht zurück auf den 1509 geborenen französischen Theologen Jean Calvin, der maßgeblichen Einfluss auf die Reformationsbewegung hatte. Seiner Theologie liegt der Glaube an die göttliche Prädestination zugrunde. Dieser Vorstellung nach hat Gott mit Beginn der Schöpfung vorbestimmt, wer erlöst und wer verdammt wird. Menschen, die zu den Auserwählten gehören wollten, verhielten sich entsprechend: asketisch, tugendhaft, streng den christlichen Pflichten folgend. Diese Mentalität hat die Lebensweise der Angehörigen protestantischer Kirchen in Europa und den USA tiefgreifend verändert und die jeweiligen Kulturen nachhaltig beeinflusst.

Diese Lebensform traf Weber zufolge auf die »schicksalsvollste Macht unseres modernen Lebens« – die Ideen des kapitalistischen Wirtschaftens: Streben nach Gewinn, Rentabilität, rationale Betriebsorganisation und Buchführung. In seinem 2005 erschienenen und in den Sozialwissenschaften sehr einflussreichen Buch »Beschleunigung« schreibt Hartmut Rosa in Bezug auf Weber: »Der kategorische Imperativ der protestantischen Ethik wie des kapitalistischen Ethos besteht in der Verpflichtung, die Zeit so intensiv wie möglich zu nutzen, Zeitverschwendung und Müßiggang systematisch auszuschalten und sich über die verbrachte Zeit genaue Rechenschaft zu geben.«

Zeitvergeudung, heißt es dazu bei Weber, sei »die erste und prinzipiell schwerste aller Sünden. Die Zeitspanne des Lebens ist unendlich kurz und kostbar«, und »Zeitverlust durch Geselligkeit, ›faules Gerede‹, Luxus, selbst durch mehr als der

Gesundheit nötigen Schlaf ist sittlich absolut verwerflich«. Nicht Muße und Genuss, sondern nur die rastlose Arbeit diene nach Gottes Willen zur Mehrung seines Ruhms. Jede verlorene Stunde sei der Arbeit im Dienste Gottes entzogen. Verwerflich sei daher sogar Kontemplation, wenn sie auf Kosten der Berufsarbeit erfolge. Enthaltsamkeit und Arbeit als »von Gott vorgeschriebener Selbstzweck des Lebens« sind damit Ausdruck einer neuen Geisteshaltung, aus der insbesondere eine disziplinierte Zeitnutzung folgt. Rosa hält dazu fest: »Jene die Grunderfahrung der Moderne prägende Rast- und Ruhelosigkeit durch systematische Eliminierung von Pausen und Fehlzeiten sowie die kategorische Ökonomisierung der Zeit in der Lebensführung sind daher nach Weber die Konsequenz einer ursprünglich (calvinistisch-puritanisch-)protestantischen und später säkularisierten Geisteshaltung, nach der eine einmal verlorene Sekunde für immer verloren ist.« Dadurch sei die zeitasketische Disziplinierung des eigenen Handelns zum Kernelement der modernen Lebenseinstellung geworden: »Zeitdisziplin erscheint aus dieser Perspektive weit eher als eine kulturelle Voraussetzung denn eine strukturelle Folge des Kapitalismus«, schreibt Rosa. Interessant ist, dass diese Zeitdisziplinierung nach und nach ihre religiöse Bedeutung verliert. Der Kapitalismus verselbstständigt sich, sein Geist braucht keine normativen Grundlagen mehr. Weber schreibt: »Der heutige, zur Herrschaft im Wirtschaftsleben gelangte Kapitalismus also erzieht und schafft sich im Wege der ökonomischen Auslese die Wirtschaftssubjekte – Unternehmer und Arbeiter –, deren er bedarf.«

Es ist dieser Geist, der unser Denken und Handeln noch immer lenkt. Es gelingt uns nicht, uns davon zu befreien, weil die kapitalistischen Ideen nicht nur unser ökonomisches Handeln bestimmen. Beim Kapitalismus handelt es sich nicht einfach um ein Wirtschaftsprinzip. Längst hat er sämtliche

Bereiche des sozialen Lebens durchdrungen. Der Zugang zu Gesundheit, Bildung, Kultur und materiellem Wohlstand wird nicht allen gleichermaßen gewährt. Er ist abhängig vom wirtschaftlichen Erfolg des Individuums. Die soziale Stellung im Wirtschaftssystem entscheidet über die Verteilung ökonomischer und nichtökonomischer Lebenschancen. Ein solches Gesellschaftssystem lässt uns kaum eine andere Wahl als die, am Wettbewerb um die wichtigen Ressourcen und Positionen teilzunehmen. Zeitvergeudung scheint da keine besonders vielversprechende Idee zu sein. Doch es sind nicht nur äußere Zwänge, die uns dazu antreiben, unsere Zeitnutzung zu disziplinieren und die Lebensgeschwindigkeit zu erhöhen. Es stecken auch sehr persönliche Motive dahinter.

Kapitel 2

Die Last der Möglichkeiten

In meiner Kindheit habe ich früh gelernt, dass die Welt kein friedlicher Ort ist. Ich habe das nicht auf der Straße gelernt, auf der ich mit meinen Freunden spielte, nicht im Wald, wo wir Verstecke bauten, nicht auf dem Fußballplatz, wo wir gegen die Jungs aus der Nachbarsiedlung antraten. Ich erfuhr es jeden Abend, wenn in unserem Wohnzimmer die Nachrichten liefen, die immer wieder Bilder von Krieg, Hunger und Gewalt zeigten. Panzer fuhren auf unbefestigten Straßen durch zerstörte Dörfer, Kinder hungerten und konnten nicht in die Schule gehen. Ihre Lebensrealität war eine vollkommen andere als meine, doch durch die Bilder verstand ich, dass die Welt gefährlich ist. Die Nachrichten gingen vorüber. Am nächsten Tag ging ich in die Schule, spielte Fußball und lief im Wald herum. Hier deutete nichts darauf hin, dass irgendetwas auf dieser Welt nicht stimmen könnte. Ich war in Sicherheit.

Die beiden existenziellen globalen Krisen unserer Zeit, die Coronapandemie und der Klimawandel, zeigen uns, dass vieles, was uns als selbstverständlich erscheint, auf dem Spiel steht. Wenn ich heute in den Wald gehe, sehe ich umgeknickte und kahle Bäume, aufgestapelte Stämme, große Flächen, die gerodet wurden. Noch nie ging es den Wäldern in Deutschland so schlecht. Bäume sterben und mit ihnen nicht nur ein essenzieller Bestandteil des Ökosystems der Erde, sondern auch ein Sehnsuchtsort. In einer Pandemie trübt noch etwas anderes die Sehnsucht nach einer heilen Welt. Das um sich greifende und immer neu mutierende Coronavirus hat jeden Ort potenziell gefährlich gemacht. Andere Menschen waren auf einmal verdächtig geworden und mit ihnen die Orte, an denen sie sich gemeinsam aufhielten. Selbst die Wälder, Parks und Seepromenaden waren in den Lockdown-Monaten so voll mit Menschen, dass der gebotene Abstand oft nicht einzuhalten war. Das Coronavirus wird irgendwann zu den allgemeinen Alltagsrisiken gehören. Die andere, noch größere Krise bleibt uns aber erhalten; die Folgen des Klimawandels werden nur noch schwerwiegender. Eine in Europa verschwunden geglaubte Unsicherheit ist in unser Leben gedrungen. Sie wird auch nicht mehr verschwinden. »Nowhere is safe«, titelte die britische Tageszeitung The Guardian am 2. Juli 2021 anlässlich der extremen Hitze in Kanada und den USA. Dass kein Ort mehr sicher ist, bekamen wir wenige Wochen später auch in Europa zu spüren, als die Flutkatastrophe allein in Deutschland mehr als 180 Menschen tötete, ganze Dörfer zerstörte und Kosten in Milliardenhöhe verursachte. Was es für uns bedeutet, dass kein Ort mehr vor den Folgen der Klimaveränderungen geschützt ist, beginnen wir gerade erst zu verstehen.

Mein Eindruck ist: Immer mehr Menschen begreifen, dass wir etwas zu verlieren haben. Für meine Generation ist das besonders schwer zu akzeptieren. Ich bin 1987 geboren und kenne aus eigener Erfahrung nichts anderes als Frieden, Wohlstand, Freiheit und eine Gesundheitsversorgung, die mir ein gesundes Leben bis ins hohe Alter ermöglicht. Ich gehöre der glücklichen Gruppe jener an, die das eigene Leben weitgehend störungsfrei gestalten können. Viele von uns haben die Gelegenheit, uns selbst zu verwirklichen. Laut Statistik darf ich davon ausgehen, dass ich etwa 80 Jahre alt werde. Nach dieser Vorstellung richte ich mein Leben aus – so wie alle anderen, die in einem wirtschaftlich starken Land leben und bei einigermaßen guter Gesundheit sind. »Mit dieser Dauer rechnet jeder, wenn er sich sein Leben vorstellt und es organisiert«, schreibt der tschechische Schriftsteller Milan Kundera im Roman »Die Unwissenheit«: »Was ich gerade gesagt habe, weiß alle Welt, doch man macht sich selten bewusst, dass die Zahl der Jahre, die uns zugedacht ist, keine bloße quantitative Gegebenheit, kein äußeres Charakteristikum ist (wie die Länge der Nase oder die Farbe der Augen), sondern Teil der Definition des Menschen. Derjenige, der bei bester Gesundheit zweimal solange, sagen wir also einhundertsechzig Jahre leben könnte, würde nicht derselben Spezies angehören wie wir. Nichts in seinem Leben wäre mehr genauso, weder die Liebe noch die Ambitionen, noch die Gefühle, noch die Nostalgie, nichts.«

Die Vorstellung, dass unsere Lebenszeit klar umrissen ist, gibt uns einen Rahmen für unsere Entscheidungen darüber, wie wir leben. An die religiöse Verheißung eines ewigen Lebens glauben die meisten von uns nicht mehr. Bis die Wissenschaft uns unsterblich macht, wird es noch dauern. Das Leben ist begrenzt, deshalb müssen wir es gestalten. Dafür habe ich 80 Jahre Zeit, wenn alles gut geht. Ist das viel oder wenig? Wenn ich über meinen Lebensrhythmus nachdenke, kommt es mir vor, als sei meine Zeit knapp. Ich beeile mich mit meinem Leben.

Alles könnte anders sein

Die Erwartung, dass ich ein langes Leben führen kann, ohne dass mich jemand großartig dabei stört, habe ich, seit ich denken kann. Heute weiß ich, dass diese Freiheit alles andere als selbstverständlich ist. Zeit zu haben ist ein Privileg. Seltsam, denn häufig fühlt sich dieses Privileg an wie ein Konflikt. Wir sind mit unzähligen Dingen beschäftigt und erleben das, was wir tun, häufig als Pflicht. All der Zeitdruck, der Stress, die Entscheidungen, die wir treffen müssen, führen zu echten Belastungen, möglicherweise sogar zu Krankheiten, wenn wir uns zu viel zumuten. In einer 2020 im Fachmagazin Nature Human Behaviour veröffentlichten Untersuchung beschreiben die Forscherinnen Laura M. Giurge und Ashley V. Whillans die Folgen von Zeitarmut, die sie an insgesamt zwölf verschiedenen Faktoren wie etwa einem hohen Arbeitsdruck, Überforderung und dem Gefühl, zunehmend gehetzt zu sein, gemessen haben. Sie stellten fest, dass Zeitarmut mit einem geringeren Wohlbefinden, schlechterer körperlicher Gesundheit und sinkender Produktivität einhergeht. Die Autorinnen schreiben: »Jedes Jahr werden Milliarden von Dollar ausgegeben, um materielle Armut zu lindern, während Zeitarmut oft ignoriert oder verschärft wird.« Individuen, Unternehmen und die Politik würden die schädlichen Auswirkungen von Zeitarmut oft übersehen.

Zeitarmut und materielle Armut hängen eng zusammen. Laut einer Studie des Bremer Forschungszentrums Ungleichheit und Politik aus dem Jahr 2021 lebt knapp ein Viertel der deutschen Bevölkerung in Armut oder in prekären Lebensverhältnissen. Viele von ihnen benötigen mehrere Jobs, um über die Runden zu kommen. Andere, die keinen Job haben, haben vielleicht auf den ersten Blick mehr Zeit, können aber nicht viel damit anfangen. Es ist kein Ausdruck von Freiheit und Zeitwohlstand, wenn der Staat das Leben mit einer viel zu geringen Grundsicherung finanziert. Arbeitslose Menschen verbringen viel Zeit damit, zum Jobcenter oder zur Arbeitsagentur zu gehen, an Maßnahmen teilzunehmen, Bewerbungen zu schreiben und den damit verbundenen Stress zu bewältigen. Sie können nicht einfach einkaufen gehen, sondern müssen sich informieren, wo es die benötigten Dinge günstig gibt. Wenn Kinder im Haushalt leben, müssen sie Familienarbeit leisten und alle materiellen und sozialen Bedürfnisse mit den wenigen verfügbaren Mitteln befriedigen. Sie haben nicht genügend Geld, um selbst am sozialen und kulturellen Leben teilzuhaben oder dies ihren Kindern zu ermöglichen. Aber auch diejenigen, die sicher im Berufsleben verankert sind und besser verdienen, leiden häufig unter Zeitarmut. Flexible Arbeitszeitmodelle sind noch nicht überall durchgesetzt, reduzierte Teilzeitoptionen erst recht nicht. Wer dann nebenbei auch noch Kinder betreut oder Angehörige pflegt, hat es nicht leicht, über Zeit zu verfügen. Tritt Zeitwohlstand dann ein, »wenn Menschen mehr Zeit haben, als für die Erledigung ihrer Pflichten erforderlich ist«, wie es Hartmut Rosa definiert, dann sind viele Menschen weit davon entfernt, in Zeitwohlstand zu leben. Für sie bleibt nach der Erledigung ihrer Pflichten nicht mehr viel Zeit übrig.

Spielräume bei der Zeitgestaltung haben wir alle. Schließlich sind wir freie Menschen mit zahlreichen Handlungsoptionen und keinem gesellschaftlichen System ausgeliefert, dessen Strukturen alleinig über unser Leben entscheiden. Die zeitlichen Freiräume sind bei manchen Menschen größer, bei anderen kleiner. Diese begrenzten Freiräume, in denen wir über unsere Zeit verfügen können, sollten wir dann ja eigentlich als denjenigen *Zeit-Raum* erleben, in dem wir tun können, was wir

wollen und was uns am meisten Freude bereitet und Lebensqualität beschert. Eigentlich müssten wir das als individuelle
Freiheit statt als Konflikt erleben. Ich versuche mir als Vater,
der häufig 40 Stunden pro Woche arbeitet, hier und dort ein
paar Freiräume zu schaffen. Innerhalb dieser Freiräume denke
ich dann aber meist nicht, dass ich etwas tun oder lassen *kann* –
zum Beispiel, mich einfach auszuruhen. Ich glaube stattdessen,
etwas tun zu *müssen*. Sobald ich etwas Freizeit habe, denke ich
an meine imaginäre To-do-Liste. An den Garten, den unaufge-
räumten Dachboden, an das Buch, an dem ich weiterarbeiten
möchte, an die Kinderfotos, die ich auf dem Computer sor-
tieren will, an die Schlagzeugfelle, die mal wieder gewechselt
werden müssen, und an die Menschen und Orte, die ich mal
wieder besuchen sollte. Dann wird mir alles schnell zu viel, die
Dinge wachsen mir über den Kopf, ich bin unzufrieden. Aber
warum denke ich überhaupt, dass ich all das tun muss? Warum
gerate ich auch dann mit der Zeit in Konflikt, wenn ich frei
darüber verfügen kann?

Die Grundlage für diesen Konflikt ist zunächst eine essen-
zielle menschliche Lebenserfahrung. Sie lässt sich mit dem aus
der Systemtheorie stammenden Begriff *Kontingenz* beschreiben. Dieser beschreibt die Notwendigkeit, aus Optionen aus-
wählen zu müssen. Es gibt immer eine ganze Reihe verschiedener Optionen. Aus diesen selektieren wir, obwohl wir uns auch
anders hätten entscheiden können: für einen anderen Beruf,
eine andere Lebenspartnerin, einen anderen Wohnort, ein
anderes Reiseziel, ein anderes Produkt, eine andere Tätigkeit,
mit der wir unseren Tag verbringen. Kontingenz bedeutet: Alles
könnte auch anders sein. Das heißt, wir wissen, dass wir nichts
zwangsläufig, notwendigerweise und ohne die Kenntnis von
Alternativen tun. »Jede Entscheidung, die getätigt wird, ist eine
zerstörte Möglichkeit«, schreibt Helga Nowotny in »Eigenzeit«.

Wenn wir schon Möglichkeiten zerstören, sollten wir dann nicht wenigstens sicher sein, dass wir die *beste* Möglichkeit gewählt haben? Wir glauben schließlich, es liege an uns, ob wir das Beste aus unserem Leben herausholen oder nicht. Unsere Entscheidungen sollten in dieser Logik nicht zu *irgendeinem* Leben führen, sondern zum *bestmöglichen*. Keine leichte Aufgabe, wenn niemand uns sagen kann, wie wir leben sollen und welche Folgen das haben wird, was wir tun. »Die Zeit des Handelns enthält immer Elemente der Entscheidung; sie ist konfrontiert mit der Ungewissheit des Ausgangs«, hält Nowotny dazu fest.

Die Müdigkeit, man selbst zu sein

Das Privileg, das eigene Leben gestalten zu dürfen, kann aber, wie schon gesagt, ernsthafte gesundheitliche Folgen haben, die alles andere als Luxusprobleme sind. In seiner berühmten Depressionsstudie »Das erschöpfte Selbst« aus dem Jahr 1998 erläutert der französische Soziologe Alain Ehrenberg, wie die modernen kapitalistischen Demokratien uns aus traditionellen Bindungen befreit und einen sozialen Individualisierungsprozess eingeleitet haben. Wir seien nach und nach in die Situation versetzt worden, für uns selbst entscheiden und unsere Orientierungen konstruieren zu müssen. Wir seien reine Individuen geworden. Keine Tradition sage uns mehr, wer wir zu sein hätten und wie wir uns verhalten müssten. »Das Recht, sich sein Leben zu wählen, und der Auftrag, man selbst zu werden, verorten das Individuum in einer ständigen Bewegung«, schreibt Ehrenberg. Die neue Souveränität des Individuums führe durch die »Last des Möglichen« zur *Fatigue d'être soi*, wie es im Originaltitel heißt, zur Müdigkeit, man selbst zu sein. Ehrenberg sieht darin einen wesentlichen Grund für die Zunahme psychischer Erkrankungen wie Depressionen. Die Depression sei »nicht die Krankheit des Unglücks, sondern die Krankheit des Wechsels, die Krankheit einer Persönlichkeit, die versucht, nur sie selbst zu sein: Die innere Unsicherheit ist der Preis für diese Befreiung«, so Ehrenberg. Ab den 1980er-Jahren sei die Depression in einer Symptomatik aufgetreten, bei der nicht so sehr das psychische Leiden als vielmehr die Hemmung und Verlangsamung dominieren. »Die Depression ist das Geländer des führungslosen Menschen, sie ist nicht nur sein Elend, sondern das Gegenstück zur Entfaltung seiner Energie«, schreibt Ehrenberg. Mit den krankheitsbedingt mangelnden Projekten, der mangelnden Motivation und der mangelnden Kommunikation sei eine Person mit Depression das genaue Negativ zur geltenden sozialen Norm. Diese besagt: Wir sind freie Individuen und der einzige Auftrag, den wir erfüllen müssen, besteht darin, das beste aller Leben zu leben und ganz man selbst zu sein.

Für Ehrenberg sind psychische Leiden wie Depressionen eine Reaktion auf die allgegenwärtige Erwartung, das eigene Leben selbstbestimmt zu gestalten. Wir sind gezwungen, frei zu sein – und jetzt liegt es an uns, diesen Zwang erfolgreich umzusetzen, so glauben wir. Also müssen wir unsere angeblich unbegrenzten Möglichkeiten auch nutzen. Wir glauben: Erfolg und Misserfolg hängen allein von unserer eigenen Leistung ab. So, als lebten wir in einer Gesellschaft, die die Leistungsfähigen am stärksten belohnt. So, als gäbe es kein Glück und kein Unglück, keine Ungleichheiten, keine Benachteiligung, keine sozialen Klassen, keine individuellen Grenzen unseres körperlichen und psychischen Leistungsvermögens. Wenn wir scheitern, dann an uns selbst. Und sich nicht selbst zu verwirklichen, nicht erfolgreich zu sein, sich zu langweilen, statt aufregende Dinge zu erleben – wäre das nicht ein gescheitertes Leben?

Der Soziologe Andreas Reckwitz sieht in Selbstentfaltung, sozialem Erfolg und der Vermehrung positiver Emotionen die Kernelemente unseres Lebenssinns. Wir haben den Anspruch, dass unser Leben möglichst dicht an positiven Erlebnissen sein soll, damit es sich wie ein erfülltes Leben anfühlt, schreibt er in seinem Buch »Das Ende der Illusionen«. »Die spätmoderne Kultur verspricht dem Individuum subjektive Erfüllung in einer Weise wie keine zuvor und suggeriert ihm, ein Recht auf dessen Realisierung zu besitzen, und lässt doch immer wieder diese subjektive Erfülltheit als ein Phantasma scheinen, dem das reale eigene Leben – außer vielleicht in bestimmten, herausgehobenen Momenten – kaum je genügt.« Auf der Suche nach Erfüllung optimieren wir uns, wir vermehren unsere Möglichkeiten, beschleunigen unsere Handlungen. Um alles besser zu organisieren, landen unsere Vorhaben auf To-do- und Bucketlisten. Das, was wir *tun wollen*, wird zu etwas, was wir *erledigen müssen*. Auf uns liegt die schwere Last des Möglichen.

Der Zeit-Rebound-Effekt

Solange wir die Idee verfolgen, dass wir alles sein und haben können, laufen wir Gefahr, unter der Last der unbegrenzten Möglichkeiten zusammenzubrechen. Wenn alles auch anders sein könnte, könnte das andere auch immer besser sein. Je mehr Optionen wir haben oder zu haben glauben, desto schwerer fällt es uns, die Kontingenz unseres Tuns zu akzeptieren. Wir müssen uns selbst, aber auch anderen erklären können, warum wir dieses tun und jenes lassen. Sobald wir uns entschieden haben, müssen wir uns zeitlich organisieren: unsere langfristigen Lebensziele genauso wie die kurzfristigen Entscheidungen innerhalb täglicher Zeitstrukturen. Der Tag hat nur 24 Stunden, die Anzahl der Dinge, die wir erleben und konsumieren können, ist aber unendlich. Diese Tätigkeiten, sozialen Kontakte, Konsumprodukte und Medienangebote verlangen unsere Aufmerksamkeit und damit unsere Zeit. Um möglichst vieles tun zu können, hilft es – so glauben wir –, unser Leben zu verdichten. Wir beantworten Nachrichten, während wir auf den Bus warten. Wir hören Podcasts, damit wir nebenbei noch etwas anderes machen können. Wir meditieren ein paar Minuten mit einer App, um schnell wieder klar und leistungsfähig zu sein. Das alles folgt einer Strategie: Wir erhöhen unsere Lebensgeschwindigkeit, sodass wir scheinbar mehr vom Leben haben. Der Autor Roger Willemsen hat treffend beschrieben, was wir da eigentlich tun: »Wir beschleunigen das Leben in der Angst, wir könnten es verpassen. Und indem wir es beschleunigen, verpassen wir es.«

Aber wie kann das eigentlich sein, dass wir ständig versuchen, noch schneller zu sein, obwohl wir dank des technischen und sozialen Fortschritts Zeit im Überfluss gewonnen haben? Unsere Lebenserwartung steigt. Die durchschnittliche Wochenarbeitszeit ist weitaus niedriger als noch vor Jahrzehnten. Wir reisen und kommunizieren schneller als jemals zuvor. Wir sparen Zeit dank der Digitalisierung unseres Alltags, schaffen neue technische Geräte an – alles in der Hoffnung, dass dann, wenn alles erst einmal schnell genug abgehakt ist, endlich Zeit ist für die ganzen Dinge, die wir *wirklich* tun wollen. Doch diese Zeit kommt nicht. Im Gegenteil: Die Möglichkeiten scheinen nur noch zahlreicher zu werden. Tatsächlich brauchen wir noch mehr Zeit, um alles zu schaffen. Also nehmen wir das Smartphone in die Hand, bestellen Essen, um nicht kochen zu müssen, bestellen Saugroboter, um nicht saugen zu müssen, senden Nachrichten, um nicht anrufen zu müssen, checken Newswebsites, um nicht Zeitung lesen zu müssen, bleiben aus Gewohnheit bei Instagram hängen und stoßen dort, nach vielleicht einer halben Stunde Herumscrollen, auf ein Zitat von Roger Willemsen, das uns sagt, was wir schon wissen: dass wir auf absurde Weise unsere Zeit vergeuden. Kurz stimmen wir innerlich zu – Like – und scrollen weiter.

Dieses paradoxe Phänomen wird auch *Zeit-Rebound-Effekt* genannt. Das bedeutet: Wir wenden zeiteffiziente Techniken an, mit denen wir aber nur scheinbar Zeit einsparen. So benutzen wir zum Beispiel Trockner und Mikrowellen, hören Podcasts, betreiben Multitasking, füllen Warte- und Pausenzeiten mit Erledigungen. All diese Techniken sollten uns eigentlich mehr freie Zeit verschaffen. Wir könnten uns zum Beispiel ausruhen, während der Saugroboter die Wohnung für uns reinigt. Doch die Zeitersparnis legen wir sofort als neuen Standard fest. Die frei gewordene Zeit ermöglicht es uns, viele weitere Dinge zu tun, die sich ebenfalls in kurzer Zeit erledigen lassen. Der Zeit-Rebound-Effekt besagt, dass die zeitsparenden Techniken nicht in eine höhere Qualität der Zeit investiert werden, sondern dass sie unseren Anspruch verändern und die Nachfrage nach weiteren zeitsparenden Techniken steigt. Wir vermehren und verdichten unsere Erlebnisse. Dazu beschleunigen wir unser Lebenstempo. Nur eines gewinnen wir dadurch nie: Zeit.

Vielleicht können wir weitere Strecken zurücklegen, häufiger mit unseren Freund:innen kommunizieren, mehr Podcasts hören und mehr Sachbücher lesen, weil es Apps gibt, die ihre Inhalte in nur 15 Minuten präsentieren. Gerade die digitalen Geräte und Dienste ermöglichen es uns, langwierige Tätigkeiten deutlich schneller als früher auszuführen. Doch in der digitalen Welt steigt wiederum die Zahl der Optionen, die wir realisieren können. Schon 1987 schrieb Helga Nowotny: »Den Menschen ist vor allem durch die modernen Kommunikationsmittel bewusster geworden, wie sie ihre Tage oder Stunden sonst verbringen könnten. Sie erleben daher den Mangel an Zeit deutlicher. Wann immer sie sich auf eine Information konzentrieren, versagen sie sich die Möglichkeit, sich auf eine andere voll zu konzentrieren.« Es gibt immer noch ein weiteres Sachbuch, das wir in der App konsumieren könnten. Noch eine Nachricht, die wir beantworten sollten. Noch ein Video, das wir sehen sollten, nachdem es viral gegangen ist. Noch einen Artikel, den wir lesen sollten, der eine neue Sichtweise bereithält und auf unserer Leseliste landet. Doch es ist egal, wie schnell wir werden, wie viel wir gleichzeitig tun können. Wie sehr wir auch unsere Möglichkeiten steigern, wie viel wir auch erleben, wie groß unsere Reichweite auch immer sein wird, wir kommen doch nie an den Punkt, an dem wir sagen: *Jetzt ist es mal gut.* Doch möchten wir wirklich so leben? Oder sehnen wir uns nach einer ganz anders gelebten Zeit?

Das Unverfügbare akzeptieren

Wir sind längst dazu übergegangen, uns nicht mehr natürlich in der Zeit, diesem wiederkehrenden Wechsel von Tag und Nacht, zu bewegen, sondern Zeit wie einen Konsumgegenstand zu behandeln. Wenn wir auf einer Bahnfahrt eine Stunde lang aus dem Fenster schauen, verstreicht die Zeit ungenutzt, was heute beinahe undenkbar ist. Zeit konsumieren wir, indem wir in diesem Beispiel einer Bahnfahrt am Laptop arbeiten oder jemanden anrufen, weil wir sonst nicht dazu kommen. Das sind Beispiele für Tätigkeiten, bei denen wir etwas in Reichweite bringen, das eigentlich außerhalb unserer gegenwärtigen Wirkzone liegt. Der telefonische Kontakt, die Inhalte auf dem Smartphone, die mobil verfügbare Bürotätigkeit erleichtern uns den Alltag. Diese Optionen erinnern uns aber zugleich: Du solltest nicht nur aus dem Fenster schauen, denn du kannst auch diese Person anrufen, die du seit Langem sprechen willst. Du könntest an diesem Projekt weiterarbeiten. Du hast doch jetzt eine Stunde Zeit!

Diesen Aufforderungscharakter der ständig verfügbaren Tätigkeiten, denen wir nachgehen könnten, beschreibt Hartmut Rosa in seinem Buch »Unverfügbarkeit«. Was uns antreibe, sei weniger die Gier nach dem Immer-mehr, sondern die Angst vor dem Immer-weniger: »Es ist nie genug, nicht, weil wir unersättlich sind, sondern weil wir immer und überall wie auf Rolltreppen nach unten stehen: Wann und wo immer wir anhalten oder innehalten, verlieren wir an Grund gegenüber einer hochdynamischen Umwelt, mit der wir überall in Konkurrenz stehen. Es gibt keine Nischen oder Plateaus mehr, die es uns erlaubten, innezuhalten.« Das unausgesprochene Mantra des modernen Lebens laute: »Unser Leben wird besser, wenn es uns gelingt, (mehr) Welt in Reichweite zu bringen.« Deshalb begegneten wir der Welt zunehmend auf aggressive Weise. »Alles, was erscheint, muss gewusst, beherrscht, erobert, nutzbar gemacht werden.«

Um dieses Verhältnis zur Welt zu verdeutlichen, wählt Rosa unterschiedliche Beispiele, etwa unser Verhältnis zum eigenen Körper: »Alles, was wir an ihm wahrnehmen, steht tendenziell unter Optimierungsdruck.« Das Gewicht sollte reduziert, der Blutdruck gesenkt und die Schrittzahl erhöht werden, außerdem müssen wir gelassener und achtsamer sein und so weiter. Aber auch das, was uns außerhalb unserer selbst begegne, trage diesen Aufforderungscharakter: »Berge sind zu besteigen, Prüfungen zu bestehen, Karrierestufen zu nehmen, Liebhaber zu erobern, Orte zu besuchen und zu fotografieren, Bücher zu lesen, Filme zu sehen.« Unser Leben erschöpfe sich mehr und mehr in der Abarbeitung explodierender To-do-Listen. Was wir auch tun, wir müssten es »erledigen, besorgen, wegschaffen, meistern, lösen, absolvieren.«

Es ist kein Wunder, dass sich so niemals das Gefühl einstellt: *Jetzt kann ich endlich einmal zur Ruhe kommen.* Aber wie können wir diesem Druck widerstehen? Wie könnte es sich einstellen – das Gefühl, in der richtigen Geschwindigkeit zu leben und präsent im eigenen Leben zu sein? Für Rosa liegt die Lösung für unser Streben nach Steigerung in sämtlichen Lebensbereichen in der Akzeptanz des Unverfügbaren. Eine vollständig verfügbar gemachte Welt wäre eine tote und stumme Welt, so seine Feststellung. Glückserfahrungen machen wir hingegen dann, wenn wir einer Sache gegenüberstehen, die wir nicht einfach so verfügbar machen können. Der Schneefall im Winter, die tiefe Beziehung zu einem Menschen, das berührende Konzert, die gelungene Party – das alles ist erreichbar, aber es lässt sich nicht sicher verfügbar machen und kontrollieren. Gelingendes Leben, sagt Rosa, vollziehe sich an der Grenze von Verfügbarkeit und Unverfügbarkeit.

In diesem Buch möchte ich einige Ansätze entwickeln, die uns dabei helfen können, häufiger in einer positiv empfundenen Geschwindigkeit zu leben und das Empfinden von Zeitarmut in einen wahrgenommenen *Zeitwohlstand* zu verwandeln. Der Wunsch nach mehr Langsamkeit muss keine hoffnungslos-romantische und rückwärtsgewandte Sehnsucht nach einem weniger hektischen, weniger entfremdeten Leben sein.

Wir können uns von den Zwängen der Zeit befreien, wenn wir dem auf Wachstum ausgerichteten Gesellschaftssystem etwas entgegenstellen, das andere Denk- und Handlungsweisen zulässt: zum Beispiel die Denkweise, dass Reichtum nicht darin besteht, finanziell vermögend zu sein, sondern darin, über freie Zeit zu verfügen – etwas, was in unserer Kultur aktuell beinahe utopisch klingt. Wahrer Luxus besteht dann nicht mehr in dem Besitz von Immobilien und Wertpapieren, sondern darin, sich Zeit lassen zu können. Reich an Zeit sind wir erst dann, wenn noch etwas von ihr übrig bleibt und wir damit machen können, was wir wollen.

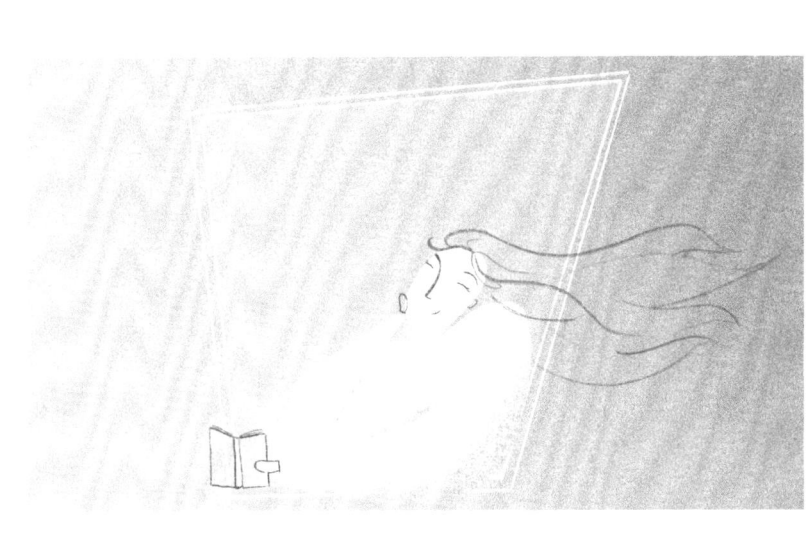

Teil 2: Zurück in die Gegenwart

Kapitel 3

Die Entdeckung des Nichtstuns

Die Vorstellung, dass ein anderer Wohlstand, kein materieller und finanzieller, sondern Zeitwohlstand, viele unserer alltäglichen Probleme lösen, unsere Lebenszufriedenheit steigern und zu einer nachhaltigen Lebensweise beitragen könnte, bildete die Grundlage für das Forschungsprojekt »ReZeitKon«, das zu Beginn des Jahres 2020 startete. Im Februar führte die interdisziplinäre Forschungsgruppe der Technischen Universität Berlin und anderer Forschungseinrichtungen eine Befragung durch, die zunächst nicht mehr als ein Gedankenexperiment zu sein schien. Das Team stellte rund 2.000 repräsentativ ausgewählten Menschen aller Altersklassen und Bevölkerungsschichten in Deutschland eine Frage: »Wenn Sie täglich eine Stunde mehr zur Verfügung hätten, wofür würden Sie diese hauptsächlich verwenden?« Die Forschenden wollten herausfinden, wie Menschen ihre Zeit verbringen, wie stark sie von Zeitnot betroffen sind und wie sich das auf ihre Lebensqualität auswirkt. Sie wollten verstehen, warum wir ständig glauben, dass wir zu wenig Zeit hätten, und warum unsere Strategien, Zeit zu sparen, offenbar nichts an diesem Gefühl ändern. Sie fragten sich zudem: Welche Folgen hat dieses Paradox für unsere Art zu leben? Was könnte helfen, uns mehr Zeit zu verschaffen?

Die Vorstellung, in Zeitwohlstand zu leben, versteht das Forschungsteam nicht als Illusion. Es geht nicht um ewiges Leben, auch nicht um Eskapismus. Es geht vielmehr darum, die alltäglichen Zeitstrukturen, aber auch die biografische Zeitstruktur anders zu gestalten – und zwar so, dass Menschen das Gefühl haben, genügend Zeit zu haben und souverän darüber bestimmen zu können. Den Begriff *Zeitwohlstand* prägte erstmals der Soziologe Jürgen P. Rinderspacher in den 1980er-Jahren in der Wissenschaft. Für ihn bedeutet Zeitwohlstand, dass Menschen so viel Zeit haben, wie sie zu einem guten Leben brauchen. »Zeitwohlstand steht für die Vision einer Gesellschaft mit besseren Zeiten, die es dem Individuum möglichst oft erlauben soll, seine einmalige Lebenszeit mit den Dingen und zugleich mit den Menschen verbringen zu können, die ihm wichtig sind«, schreibt Rinderspacher.

Wissenschaftler:innen unterschiedlicher Disziplinen haben den Begriff danach aufgegriffen und weiterentwickelt. Für die Historikerin Friederike Habermann bedeutet Zeitwohlstand die »Freiheit so zu leben, wie wir es wollen«. Die Begriffsdefinition des Soziologen Hartmut Rosa habe ich im vorigen Kapitel genannt: Zeitwohlstand ist ein Zustand, der dann eintritt, wenn Menschen mehr Zeit haben, als für die Erledigung ihrer Pflichten erforderlich ist. Die »ReZeitKon«-Forschungsgruppe, die das Konzept ausgearbeitet hat, definiert Zeitwohlstand als angemessenen Umfang frei verfügbarer Zeit. Die Basis von Zeitwohlstand ist freie Zeit. Daneben gibt es vier weitere Dimensionen. Erstens die *Lebensgeschwindigkeit*: Es sollte nicht nur genügend Freizeit zur Verfügung stehen, sondern für alle Tätigkeiten auch so viel Zeit vorhanden sein, dass wir uns nicht ständig beeilen müssen. Hinzu kommt zweitens die *Planbarkeit* der eigenen Zeit: Freie Wochenenden, bezahlter Urlaub, unbefristete Beschäftigung und ein festes Renteneintrittsalter sind Beispiele, die Menschen einen zuverlässigen Erwartungshorizont geben. Die dritte Dimension von Zeitwohlstand ist *Selbstbestimmtheit* über die eigene Zeit, insbesondere über die eigene Arbeitszeit. Diese Selbstbestimmtheit, oder auch *Zeitsouveränität*, bildet die Grundlage für die vierte Dimension: *Synchronisation*. Sie betrifft die Möglichkeit, verschiedene Tätigkeiten so koordinieren zu können, dass sie gut miteinander vereinbar sind und den Zeitanforderungen der wichtigsten Bezugspersonen im persönlichen Umfeld entsprechen. In Zeitwohlstand leben wir also dann, wenn wir selbstbestimmt mit unserer Zeit umgehen, unsere verschiedenen Lebensbereiche in Einklang bringen, alles in einem angemessenen Tempo tun und insgesamt das Gefühl haben, über mehr Zeit verfügen zu können.

Aber wenn wir mehr Zeit haben für die Dinge, die uns wichtig sind – welche Dinge wären das dann? Genau darauf sollte die Umfrage im Februar 2020 eine Antwort geben. Auf die hypothetische Frage, was sie mit einer zusätzlichen freien Stunde pro Tag anfangen würden, antworteten die meisten Befragten schlicht: *schlafen*. Dicht dahinter folgten *ausruhen*, *lesen*, *entspannen*, *nichts tun* und *Zeit für sich selbst haben*. Menschen erhalten also eine Stunde Zeit, um mit dieser etwas anzufangen. Und das, was sie tatsächlich tun wollen, ist im Prinzip: nichts – jedenfalls nichts, was mit Optimierung und Effizienzdenken zu tun hat. Wer es sich erlauben könnte, würde die eigene Zeit also nutzen, um einmal für nichts und niemanden nützlich zu sein. Die »ReZeitKon«-Studienautorinnen Sonja Geiger und Stefanie Gerold interpretieren das so: »Es wurde das Bild einer müden Gesellschaft deutlich, die ein großes Bedürfnis nach Erholung und Zeit für sich und die Familie hat.«

Leben im Lockdown

Die Befragung wurde im Februar 2020 durchgeführt, kurz nachdem die erste Ansteckung mit dem Coronavirus in Deutschland bekannt wurde. Zu diesem Zeitpunkt verlief das Leben der meisten Menschen noch weitgehend wie gewohnt. Zwar war abzusehen, dass sich das Virus verbreiten würde – einige Menschen machten Hamsterkäufe und legten sich einen Vorrat an Tiefkühlpizza, Toastbrot, Konserven und Klopapier an –, doch es war noch keine Rede von einer Pandemie. Dass wenige Wochen später Geschäfte schließen mussten und die Straßen wie leer gefegt waren, war zu jenem Zeitpunkt noch unvorstellbar. Die Forschenden konnten also auch noch nicht ahnen, dass ihr Gedankenspiel – eine Stunde mehr Zeit für alle – schon wenig später für einige gar nicht so weit von der Wirklichkeit entfernt sein würde.

Am Mittwoch, den 4. März 2020, nach inzwischen 262 bestätigten Ansteckungsfällen in Deutschland, wandte sich der Bundesgesundheitsminister Jens Spahn in einer Regierungserklärung an die Bevölkerung. Die nächsten Tage und Wochen würden herausfordernd sein, erklärte er eindringlich. Es werde zu Einschränkungen im Alltag kommen. Zwei Wochen später rief Bundeskanzlerin Angela Merkel alle Menschen in einer Fernsehansprache dazu auf, Kontakte zu reduzieren, Reisen zu unterlassen und stattdessen zu Hause zu bleiben. Wenige Tage später wiederum trat der erste Coronalockdown in Deutschland in Kraft. Millionen Menschen in Deutschland konnten plötzlich nicht mehr zur Arbeit gehen, Kinder nicht mehr die Schule oder die Kita besuchen. Geschäfte, Restaurants, Kinos, Theater und Frisörgeschäfte wurden geschlossen, private Treffen stark eingeschränkt. Zu Hause zu bleiben und möglichst nichts zu tun war damals, als Impfstoffe und Medikamente noch in weiter Ferne lagen, das vorerst wirksamste Mittel zur Eindämmung der Pandemie.

Während Pflegekräfte, Supermarktangestellte und Zusteller:innen, die plötzlich als systemrelevant galten, noch stärker gefordert waren als ohnehin schon, hatten viele andere Menschen auf einen Schlag sehr viel mehr Zeit als sonst. Wer nicht der kritischen Infrastruktur zugerechnet wurde, fand sich häufig in Kurzarbeit wieder oder konnte gar nicht mehr arbeiten. Die gewohnten Alltagsstrukturen, die Termine, die Verabredungen, die Eile – alles war auf ein Minimum reduziert. Das »ReZeitKon«-Forschungsteam sah darin die unerwartete und einmalige Gelegenheit, zu überprüfen, was Menschen wirklich taten, wenn man ihnen Zeit schenkte. Also befragten sie die gleichen Personen im April 2020 ein zweites Mal. Sie beschränkten sich dabei auf die Gruppe der Erwerbstätigen, weil sie bei ihnen die größten Veränderungen in der Zeitnutzung erwarteten. Dieses Mal fragten sie: »Falls Sie im Zusammenhang mit der Coronapandemie zusätzliche freie Zeit haben, wofür verwenden Sie diese hauptsächlich?« Die zehn häufigsten Antworten waren: lesen, Gartenarbeit, Hausarbeit, aufräumen und putzen, Zeit mit den Kindern verbringen, Sport treiben, Fernsehen und Filme schauen, Haus renovieren, Zeit mit der Familie verbringen und einem Hobby nachgehen. Die Daten ergaben außerdem, dass die Befragten im Schnitt eine halbe

Stunde länger schliefen. Deutliche Unterschiede gab es diesbezüglich zwar zwischen Menschen in den sogenannten *systemrelevanten Berufen* und Menschen mit anderen Tätigkeiten. Doch die durchschnittliche Schlafdauer stieg in diesem Zeitraum für alle Beschäftigten. Natürlich ist der Einwand berechtigt, dass während der bestehenden Kontaktverbote keine Veranstaltungen stattfanden, Museen geschlossen und Reisen nicht möglich waren. Die beiden Umfragen sind also nicht ohne Weiteres vergleichbar. Trotzdem wurde deutlich: Es sind die einfachen Dinge, die in unserem Alltag häufig zu kurz kommen, aber einen großen Wert besitzen. Die Menschen schliefen mehr, sie lasen und räumten auf. Es schien, als sehnten sie sich nach Ordnung in einer chaotischen Zeit. Sie sehnten sich nach dem eigenen Garten, nach dem Buch auf dem Nachttisch, nach den Liebsten in ihrer Nähe und nach dem Hobby, dem sie sich endlich wieder widmen konnten. Ihre Wünsche richteten sich auf die basalen, kleinen Freuden des Lebens. Die Menschen begannen, ihre grundlegenden Bedürfnisse zu befriedigen – jetzt, da sie die Gelegenheit dazu hatten. Sie hatten Zeitwohlstand gewonnen, wenn auch durch den tragischen Umstand einer weltweiten Krise.

Der renommierte Zeitforscher Karlheinz Geißler beschrieb das zu jener Zeit in einem Essay so: »Die Zwangsbremsung eröffnet uns die Chance, eine vielfältigere, überraschendere und zufriedener machende Zeitwelt zu entdecken und zu ihr Beziehung aufzunehmen als jene, durch die wir bisher immer nur durchgerast sind.« Als wir gezwungen waren, zu Hause zu bleiben, sei die Zeit kein knappes Gut mehr gewesen. Die dünne Schicht der Normalität, allen voran die der Zeitnormalität, sei zerbrochen. Wir sollten daher ausprobieren, so Geißler weiter, »ob das Leben nicht auch dann ganz schön ist, wenn man nicht jeden Morgen im Eiltempo die Wohnung verlässt, um anschließend im Stau, da der erste Termin des Tages zu platzen droht, ins Schwitzen zu kommen.«

Allerdings war der gewonnene und von vielen empfundene Zeitwohlstand befristet und darum fragil. Denn was ist diese Zeit wert, wenn sie zwar zunächst zu mehr Freiheiten führt, auf Dauer aber mit spürbaren Einkommensverlusten, steigender Unsicherheit und psychischen Belastungen verbunden ist? Der gewonnene Schlaf war, das zeigte der weitere Verlauf der Pandemie, tatsächlich nicht besonders erholsam. Viele Menschen schliefen länger, aber auch schlechter, weil sie die Belastungen des veränderten Alltags mit in die Nacht nahmen. Die neue Lebenssituation, die sich zu Beginn der Pandemie ergab, und die Erfahrungen, die viele Menschen machten, waren also keine neue Realität. Sie ließen eher erahnen, wie das *gute Leben* aussehen könnte: weniger Arbeit, weniger Verpflichtungen, mehr Schlaf, mehr Freiheiten, mehr Zeit für sich. Die Coronapandemie hatte, zumindest einem Teil der Bevölkerung, bei allen Einschränkungen auch neue Möglichkeiten eröffnet, stärker nach den eigenen Vorstellungen und Bedürfnissen zu leben. Sie schaffte Freiräume und hat etwas verdeutlicht, an das sich viele Menschen vielleicht auch in der Zeit nach Corona erinnern werden: dass viele von uns ganz anders leben wollen, als wir es tun.

Endliche und unendliche Ressourcen

Eigentlich wissen wir das längst. Es gibt einen Zeitpunkt im Jahr, an dem besonders deutlich wird, dass viele unserer größten Wünsche aus einem Mangel an Zeit resultieren: Menschen überlegen sich traditionell zum Jahresende ihre persönlichen Vorsätze, als wohne jedem Neujahrstag ein Zauber inne, der das Leben verändern kann. Bei der Studie »Gute Vorsätze 2020« der DAK-Gesundheit war die Vermeidung von Stress der meistgenannte Vorsatz für das kommende Jahr. Danach folgte der Wunsch nach mehr Zeit für Freund:innen und Familie. Ebenfalls weit vorne landeten: mehr Sport treiben und mehr Zeit für sich haben. Ganz ähnlich also wie bei den »ReZeit-Kon«-Befragungen. Andere denkbare Ziele – wie mehr Geld zu verdienen, sich beruflich zu verwirklichen oder den sozialen Status zu erhöhen – tauchen in beiden Listen nicht auf.

Bei der DAK-Studie fällt aber noch etwas anderes auf, was auf den ersten Blick wenig mit unserem Umgang mit der Zeit zu tun hat. Bei den Vorsätzen für das Jahr 2020 fand sich erstmals ein zuvor kaum genannter Wunsch weit oben in der Liste. Rund zwei Drittel der Befragten wollten noch etwas ändern: Sie fassten den Vorsatz, sich künftig umwelt- und klimafreundlicher zu verhalten. Die Umweltbewegung Fridays for Future hat im Jahr 2019 eine politische Jugend sichtbar gemacht. Doch es war jetzt die Mehrheit der Bevölkerung, die sich motiviert fühlte, nachhaltiger zu konsumieren. Viele schienen verstanden zu haben, dass die Ressourcen der Erde begrenzt sind und ihre Erschöpfung unsere Lebensgrundlage bedroht. Das Ziel einer ökologischen Lebensweise war in der Mitte der Gesellschaft angekommen.

Unser Problem mit der Zeit scheint ähnlich gelagert zu sein. Die Vorsätze, weniger Stress zu haben und die Zeit sinnvoller zu nutzen, deuten auf den Wunsch hin, auch mit der Ressource Zeit schonender umzugehen. Wer sich mit dem Thema Zeitmanagement beschäftigt hat, wird mit dem Gedanken vertraut sein, dass Zeit unsere wichtigste Ressource sei und es deshalb darum gehen müsse, möglichst sorgsam mit ihr umzugehen.

In einem Artikel auf der Karriereplattform LinkedIn schreibt eine Unternehmensberaterin zum Beispiel Folgendes: »In unserem Leben ist der Faktor Zeit die wichtigste Währung, die wir haben und mit der wir handeln. Zeit ist nämlich die am meisten begrenzte Ressource. Wir können uns nie sicher sein, wie groß unser Depot an Zeit ist, das uns letztlich wirklich zur Verfügung stehen wird. Gerade deswegen ist es so wichtig, dass Sie Ihre Zeit optimal nutzen. Statt sie für die falschen Menschen oder die falschen Dinge auszugeben, die Ihnen nicht guttun, seien Sie sparsam. Überlegen Sie sich lieber zweimal, für wen oder wofür Sie Ihre Zeit ausgeben.«

Auf dem Buchmarkt versprechen zahlreiche Autor:innen Techniken, um das eigene Zeitmanagement zu optimieren. Der vielsagende Titel einer Publikation lautet beispielsweise: »7 nachhaltige Prinzipien und 24 konkrete Methoden, mit deren Hilfe du dein Zeitmanagement verbessern kannst und langfristige Effekte für dein Leben erzielst«. Oder die Ratgeber erklären uns, wie wir unsere Produktivität steigern und unsere Selbstorganisation verbessern können. Es gibt sogar »Erfolgreiches Zeitmanagement für Dummies«, der schlecht organisierte in zeitsparende Menschen mit perfekter Tagesplanung verwandelt. Die Idee ist immer die gleiche: Wer ein erfolgreiches Leben führen will, muss effizient mit der eigenen Zeit umgehen. Denn wenn wir sie schlecht genutzt haben, ist sie für immer verloren.

Obwohl diese Denkweise sehr verbreitet ist, zeigt sich beim genaueren Blick auf die Zeit, dass sie nicht ganz zutrifft. Denn anders als natürliche Ressourcen wie Kohle oder Öl, die sich durch ihren Verbrauch erschöpfen, bleibt die Zeit immer gleich. Wir können ihr nichts entnehmen wie einer Kohlehalde. Sie wächst auch nicht nach wie ein Wald. Wir können sie nicht sammeln oder sparen. Zeit fließt dahin, unbeeindruckt davon, wie wir sie nutzen. Egal was und wie schnell wir etwas machen: Es ist nicht möglich, Zeit zu gewinnen, ebenso wenig, wie wir sie verlieren können. Wenn wir von einem schonenderen Umgang mit der Zeit sprechen, könnte es also helfen, nicht länger von der Zeit als *Ressource* zu sprechen. Jedenfalls nicht in dem Sinne eines natürlich vorhandenen Mittels, auf das wir zurückgreifen, um einen bestimmten Zweck zu erfüllen. Das, was wir erschöpfen, ist nicht die Zeit. Wir verbrauchen keine Sekunden und Minuten. Das, was wir verbrauchen, sind unsere körperlichen, psychischen und geistigen Ressourcen, mit denen wir unseren Alltag bestmöglich bewältigen wollen. Wir benötigen Zeit, über die wir frei verfügen können, um diese Ressourcen zu erhalten oder zu erneuern.

Ein nachhaltiger Lebensstil ist zu einem der wichtigsten Vorsätze einer Mehrheit der Bevölkerung geworden. Würden wir aber den Maßstab einer nachhaltigen Lebensweise auch dann anlegen, wenn es um die Frage geht, wie wir mit der Zeit umgehen, dann müssten wir uns eingestehen, dass wir bislang kein besonders *zeitökologisches* Leben führen.

Die Grenzen unseres Wachstums

Unser Verständnis von Zeit ist ein ökonomisches, wie die Beispiele aus der Ratgeberliteratur zeigen. Dass Zeit knapp ist, ist eine Prämisse, auf der unsere Lebensplanung beruht. Das gilt für beide Bereiche, die im Wesentlichen unseren Alltag prägen: die Arbeit und das Private. Wir sind sehr darauf bedacht, beides voneinander zu trennen. Allerdings wird das immer schwieriger, weil mobiles und digitales Arbeiten zunimmt und ständige Erreichbarkeit erwartet wird. Trotzdem stellen wir uns unser Leben meistens als duales System vor, in dem wir entweder arbeiten oder Freizeit haben. Diese Vorstellung führt dazu, dass die Arbeitswelt der Arbeit vorbehalten ist, also der Leistung, der Anstrengung, der Produktivität und natürlich der finanziellen Absicherung. Die Freizeit hingegen ist all den Dingen vorbehalten, die wir sonst noch im Leben tun wollen. Vorausgesetzt, wir haben überhaupt so etwas wie Freizeit und die nötigen Ressourcen, um das zu tun, was wir möchten. Aber ob der finanzielle Wohlstand ausreicht oder nicht: Leider nimmt die Arbeit meistens so viel Raum ein, dass die übrig bleibende Freizeit nicht gerade einem Leben in Zeitwohlstand gleicht. Schließlich bestehen auch in diesem Bereich einige Pflichten.

Die Folge ist, dass wir nicht nur in unserem Job Zeitmanagement betreiben. Längst denken wir auch in unserer Freizeit in Kategorien wie Nutzen, Produktivität und Effizienz. Genau wie die Arbeit ist auch das Privatleben zielorientiert. Die Zeit, die wir haben, um unsere Ziele zu erreichen, ist auch hier knapp. Beide Bereiche sind voll mit Aufgaben – und der Wunsch, einmal richtig zu entspannen, ist nur ein weiterer Punkt auf unserer To-do-Liste. Je länger er möglichst weit unten auf dieser Liste steht, je länger unsere Kraftreserven reichen, desto besser – so das Credo der Leistungsgesellschaft.

Also brauchen wir, dieser Denkweise folgend, neben einem idealen Zeitmanagement noch eine zweite Sache für ein gelingendes Leben: permanente Leistungsfähigkeit. Die niederländische Journalistin Lynn Berger ist der Meinung, Energie sei so etwas wie der Heilige Gral der modernen Gesellschaft. Wir hätten uns regelrecht in Batterien verwandelt. Ständig würden wir unsere knappe Zeit damit verbringen, unsere Akkus aufzuladen, um wieder produktiv sein zu können. Selbst unseren Schlaf und unsere Ruhezeiten würden wir so gestalten, dass sie uns dabei helfen, unsere maximale Leistungsfähigkeit zu erreichen, schreibt Berger. Sie kritisiert, dass die Ursachen unseres enormen mentalen Energieverbrauchs zwar außerhalb von uns liegen – Globalisierung, der flexible Arbeitsmarkt, Internet und Smartphone –, dass es für die Bewältigung dieser kollektiven Probleme aber individuelle Lösungen braucht. Die Gesellschaft erschöpft uns. Doch die Verantwortung dafür, dies hinter uns zu lassen und genügend Energie, Motivation und Enthusiasmus zu entwickeln, liegt bei uns selbst. Praktischerweise hat sich die seit Jahren wachsende Entspannungswirtschaft dafür etwas einfallen lassen: Yoga, Meditation, Retreats in Klöstern und natürlich die zahlreichen Apps und Gerätschaften, die unsere Körperfunktionen überwachen. Vielleicht helfen auch schon die neuen Laufschuhe, mit denen wir eine Runde durch den Wald joggen, suggeriert uns die Werbung. Doch selbst das, ein Spaziergang im Wald, lässt sich inzwischen als sogenanntes *Waldbaden* als Achtsamkeitskurs konsumieren. So ist auch das Ausruhen kein Raum außerhalb des Wirtschaftens, sondern ein Teil dessen. Unnötig zu erwähnen, dass alles Genannte Geld kostet.

Der Kapitalismus hat die Fähigkeit, die Kritik, die sich an ihn richtet, aufzugreifen und zu verinnerlichen. Das behaupten die Wirtschaftswissenschaftlerin Ève Chiapello und der Soziologe Luc Boltanski in ihrem 1999 erschienenen Buch »Der neue Geist des Kapitalismus«. Sie beziehen sich in ihrer Analyse vor allem auf die Zeit ab etwa 1968, als es einen starken Aufschwung der Kapitalismuskritik gab. Weite Teile der Gesellschaft strebten nach mehr Autonomie. Menschen wollten frei und authentisch leben, mobil und spontan sein und ihre Kreativität entfalten. Das kapitalistische System hatte dafür bisher wenig Raum gelassen. Doch es konnte die Unzufriedenheit mit den bestehenden Verhältnissen, die ideo-

logischen Veränderungen und den Schöpfungs- und Freiheits-
drang der Menschen bewältigen. Die Firmen erkannten, dass
sich die Kritik verwerten ließ: »Die Forderung nach Autonomie wurde in die neuen Unternehmensstrategien integriert.
So war es möglich, die Arbeiter erneut in den produktiven
Prozess einzubinden«, schreiben Boltanski und Chiapello.
Folglich sei ein wachsender Anteil der Profite »durch die Aus-
beutung innovativer und imaginativer Ressourcen« zustande
gekommen, vor allem im wachsenden Bereich der Dienstleistungen und der kulturellen Produktion. Die Konsumgüter
seien zahlreicher und vielfältiger geworden, weil Standardisie-
rung und Massenproduktion nicht mehr dem Zeitgeist ent-
sprochen hätten, so die Autor:innen.

Eine ähnliche Entwicklung ist heute, in einer Zeit, in der
nachhaltiges Wirtschaften und Konsumieren an Bedeutung
gewinnt, wieder zu beobachten. Dass Konsumverzicht eigentlich die beste Lösung wäre, kann die kapitalistische Wirtschaft
erneut für sich nutzen. Wünsche nach Entspannung, Nichtstun, digitalem Minimalismus und Lebensweisen, die von Ein-
fachheit und Ordnung geprägt sind, zeigen die Suche nach
Alternativen zum Kapitalismus an. Doch der Kapitalismus ist
so mächtig, dass er die Sehnsüchte einfach aufgreift, sich daran
anpasst und neuen Profit daraus schlagen kann. Die Bedürfnisse werden identifiziert, sie führen zu Marktideen, neuen
analogen und digitalen Produkten und Vertriebswegen – und
schließlich zu Nachfrage und Konsum. Der Kapitalismus ist in
der Lage, aus dem Wunsch nach Verzicht und Besitzlosigkeit
ein Produkt zu machen, das die Menschen besitzen wollen.
Wenn wir einen bestimmten Kurs buchen, eine bestimmte
Serie schauen, einen bestimmten Kalender pflegen oder eine
bestimmte App nutzen, dann betreiben wir *self care*, entspannen uns und finden unsere innere Balance, so das Versprechen

der Unternehmen. Weil wir es gewohnt sind, Geld für Produkte auszugeben, die unser Leben optimieren sollen, glauben wir diese Versprechen. Wir sind überzeugt, dass uns die entsprechenden *tools* am besten helfen.

Aber handelt es sich hierbei wirklich nur um effizienzsteigernde Mittel zum Zweck der Entspannung? Für den Soziologen Andreas Reckwitz steckt mehr dahinter. Dass wir selbst banale Tätigkeiten wie einen Waldspaziergang mit größter Bedeutung aufladen und in ein termingebundenes Ereignis verwandeln, ist ein gesellschaftliches Phänomen, das Reckwitz als *Positivkultur der Emotionen* beschreibt. »Idealerweise sollten sämtliche Segmente des Alltagslebens nicht (nur) Mittel zum Zweck sein, sondern um ihrer selbst willen getan werden und dadurch erfüllend und subjektiv sinnstiftend sein«, schreibt Reckwitz in »Das Ende der Illusionen«. Wir seien auf der ständigen Suche nach Sinn, Erfüllung, Erlebnis und Entfaltung. Doch dabei seien wir auch stets konfrontiert mit der Kehrseite dieses Anspruchs. Wir sind enttäuscht, überfordert, ängstlich, empfinden das, was wir tun, als sinnlos. Das zeige sich immer dann, wenn die erhoffte Erfüllung wieder einmal nicht eingetreten ist. »Für den Umgang mit diesen negativen Emotionen fehlt in der spätmodernen Kultur jedoch der legitime Ort«, beobachtet Reckwitz.

Ein geplanter Waldspaziergang soll also nicht nur erholsam sein, sondern auch als sinnstiftend empfunden werden. Die Positivkultur der Emotionen und die Sehnsucht nach Entfaltung in allen Lebensbereichen haben laut Reckwitz jedoch inzwischen ihre Grenzen erreicht. Nicht nur auf gesamtgesellschaftlicher Ebene stößt das Modell des Wachstums an ökologische Grenzen. Auch für das Individuum ließen sich Grenzen des Wachstums konstatieren. »In diesem Sinne wäre eine weniger enttäuschungsanfällige Lebensform auch eine ökologischere – ökologisch im Verhältnis zu den endlichen psychischen (und körperlichen) Ressourcen des Subjekts«, schließt Reckwitz daraus. Es ist nicht länger zu übersehen, dass die Ökonomie der Entspannung eine Reaktion auf eine erschöpfte Gesellschaft ist, die sich vor allem nach einem Ausgleich zum stressigen Alltag sehnt. Scheint es daher nicht sinnvoll, die eigenen Ansprüche an unsere Lebensgestaltung zu hinterfragen und dem bisherigen ökonomischen Zeitverständnis einen zeitökologischen Lebensstil entgegenzusetzen?

Zeitökologisch leben

Da eine Pandemie zum Glück vorübergehend ist und unsere Tage bis auf Weiteres 24 und nicht 25 Stunden haben, braucht es andere Ideen, um einen solchen zeitökologischen Lebensstil zu erreichen. Um genau diese geht es in diesem Buch. Dazu gehören auf der einen Seite neue politische und wirtschaftliche Lösungen, die möglichst allen Menschen eine selbstbestimmte Gestaltung des Alltags und Lebenslaufs ermöglichen. In der Regel dominiert die Erwerbsarbeit unser Leben. Die Möglichkeit, weniger und flexibler zu arbeiten, könnte unseren eng getakteten Alltag entspannen und mehr Freiräume für Dinge schaffen, die wir gern tun. Helfen könnten daher flexible Arbeitszeitmodelle und neue, politisch durchgesetzte soziale Ideen wie ein Grundeinkommen oder Lebenszeitkonten. Dies könnte eine Grundlage für einen anderen gesellschaftlichen Umgang mit der Zeit bilden.

Doch die Lösungen liegen nicht nur auf der politischen und wirtschaftlichen Ebene. Für ein Leben in Zeitwohlstand müssen wir auch selbst anerkennen, dass das bestmögliche Leben gar nicht lebbar ist. Dass nicht alle Optionen, die uns das Leben bietet, auch ergriffen werden können. Selbst dann, wenn es uns gelingen sollte, zum Beispiel ein bedingungsloses Grundeinkommen zu etablieren, besteht die Gefahr, dass wir die Effizienz- und Leistungsprinzipien des Arbeitslebens künftig weiter auf die gewonnene Freizeit anwenden. Vielleicht würden wir sie dort sogar rigoroser anwenden, weil die Freizeit ja eine Aufwertung erfahren soll. Das, was wir anstelle des gewählten Berufs tun, wäre wahrscheinlich sogar noch stärker von unseren eigenen Idealen geleitet. Das wäre Fluch und Segen zugleich, wenn wir positive Emotionen, Selbstentfaltung und effiziente Zeitnutzung auch hier zum Maßstab machen, der über das Gelingen oder Nichtgelingen unseres Lebens entscheidet.

Es genügt also nicht, die Zeitstrukturen zu verändern. Wir müssten auch die Art und Weise ändern, wie wir über die Zeit denken und mit ihr umgehen. Denn wo persönliche Interessen und Emotionen im Spiel sind, muss es auch um Veränderungen gehen, die im Denken und Handeln der Einzelnen ansetzen. Die Verschränkung der individuellen mit der gesellschaftlichen Perspektive ist daher keine Ungenauigkeit oder Unentschlossenheit der vorliegenden Analyse, sondern notwendig. Andreas Reckwitz weist in seiner Abhandlung über den erschöpften spätmodernen Menschen darauf hin, dass individuelles Handeln nur zu erklären ist, wenn wir auch die gesellschaftlichen Bedingungen verstehen, unter denen wir leben. »Das Individuum ist keine autonome Einheit, sondern ein gesellschaftliches Produkt«, heißt es dazu bei Reckwitz. Erst in der Gesellschaft werde aus den körperlichen und psychischen Grundeigenschaften des Menschen »ein gesellschaftlich vollwertiges Wesen, das im Idealfall jene Kompetenzen, Wunschstrukturen und Mentalitäten verinnerlicht, welche die jeweilige Gesellschaftsform voraussetzt«. Die psychische Struktur sei damit immer schon eine psychosoziale Struktur.

Der zeitökologische Lebensstil, den ich hier beschreibe, braucht gesellschaftliche Grundlagen, die uns einen freieren Umgang mit der Zeit ermöglichen. Dieser neue Umgang besteht dann aber nicht in der Nutzenmaximierung unserer Alltags- und Lebenszeit, sondern in einer Art *umgekehrtem Zeitmanagement*. Wenn wir versuchen, das Beste aus der Zeit herauszuholen, gelingt nämlich gerade das nicht. Ein nachhaltiger Umgang mit ihr hingegen würde bedeuten, dass wir die Grenzen des wirtschaftlichen, aber auch unseres persönlichen Wachstums anerkennen. Dann können wir die Qualitäten der Zeit dort entdecken, wo wir ganz intuitiv nach ihnen suchen. Oder anders gesagt: Es handelt sich bei diesem Buch eher um einen Ratgeber, der dabei helfen kann, die eigene Zeit *nicht* effizient zu nutzen.

Wenn wir uns so weit wie möglich dem Wachstumsdenken entziehen, unseren Konsum reduzieren, uns der Effizienz verweigern, nicht ständig nützlich sein wollen – dann werden wir freier. So können wir eine neue Kultur der Genügsamkeit etablieren, die angesichts der Folgen des Klimawandels ohnehin Realität werden muss. Je besser es uns gelingt, die passende Lebensgeschwindigkeit für uns zu finden und uns so viel Zeit zu nehmen, wie wir brauchen, desto geringer ist das Risiko, in Eile zu geraten, gestresst oder überfordert zu sein. Besser als das Wort *Zeitmanagement* gefällt mir das von der Deutschen Gesellschaft für Zeitpolitik ins Spiel gebrachte Wort *Zeitgestaltungskompetenz*: »Die Kompetenz, die wir meinen, beschränkt sich nicht auf die äußeren Bedingungen des Umgangs mit der Zeit. Sie zielt auf die Befähigung der Menschen zum ›bewussten‹ Gebrauch ihrer Zeit – nach persönlichen Sinnkriterien, Interessen und Anforderungen.« Wir sind kompetent darin, unsere Zeit zu managen, zu nutzen und auszuschöpfen. *Zeit-*

kompetent sind wir aber erst dann, wenn wir Zeit so gestalten, dass sie zu unseren Bedürfnissen und Werten passt. Auf diese Weise würden wir uns von einem ökonomischen zu einem ökologischen Zeitverständnis bewegen, das unseren Eigenzeiten gerecht wird. Wir beuten die Zeit nicht mehr aus und wir beuten uns nicht mehr aus. Wir leben nicht entfremdet, sondern sind ganz bei uns.

Die Befragungen zur Zeitgestaltung vor und während der Coronapandemie zeigen den großen Wunsch vieler Menschen, weniger Stress und mehr Zeit für Ruhe und Erholung zu haben. Die Befragten wollen viel häufiger nichts tun oder simplen Dingen wie Gartenarbeit und ihren Hobbys nachgehen und Zeit mit der Familie verbringen. Es spielt keine Rolle, welche Tätigkeiten oder Untätigkeiten es genau sind, die uns wertvoll erscheinen. Es geht vielmehr darum, dass wir Dinge aus eigenem Interesse tun. Dass wir sie absichtslos tun und nicht immer unter dem Kriterium der Nützlichkeit betrachten. Darum, dass diese Dinge offen sind und keinem vorgegebenen Verlauf folgen oder auf ein Ziel ausgerichtet sind. Was wir in einem solchen Raum, in dem wir so handeln können, am besten tun oder nicht tun, ist uns selbst überlassen. Darüber nachzudenken wäre vollkommen nutzlos – ein guter Grund also, um genau das zu tun.

Kapitel 4

Wie wir die richtige Geschwindigkeit finden

Viele Stunden habe ich während der Pandemie damit verbracht, durch den Wald zu laufen. Es war nicht nur für mich das Jahr der langen, ziellosen Spaziergänge. Manchmal war ich mit Freund:innen unterwegs, mit denen ich über diese seltsame Zeit sprach, in die wir geworfen waren. Manchmal auch mit meinen Kindern, die noch zu klein waren, um das alles zu verstehen. Meistens aber war ich allein, so wie an einem Morgen im April 2020, an dem ich eine besondere Erfahrung machte. Ich kam an einer Wiese vorbei und entschied, mich ein wenig auszuruhen. Ich suchte mir einen Platz in der Nähe einer großen Buche, warf meine Jacke ins Gras, legte mich mit dem Rücken darauf und schaute nach oben. Der Himmel kam mir an diesem Tag ungewöhnlich blau und weit vor. Einige Wolken zogen gemächlich vorüber, während sich hier unten die Zweige der Bäume im Wind bogen. Der Wind rauschte in den Blättern, sonst war es still. Kein Mensch war weit und breit zu sehen.

Auf einer Wiese liegen und in den Himmel schauen. Wann hatte ich das zuletzt gemacht? Ich konnte mich nicht erinnern. Obwohl sich die Wolken nur langsam fortbewegten, stellte ich fest, wie schnell sich ihre Form veränderte. Wie natürlich sie in einen anderen Zustand wechselten. Wie Teile von ihnen sich auflösten und neu fanden. Wie ein Kind fing ich an, Gestalten darin zu sehen. War das ein Vogel? Oder doch ein Seepferdchen? Und was war das da hinten für ein merkwürdiges Flugobjekt? Je länger ich die Wolken beobachtete, desto offensichtlicher wurden die Szenarien am Himmel, die mir sonst nicht auffielen, weil ich nie nach oben schaute. Ich spürte, dass ich ruhiger wurde. Da waren nur die Wolken, die Wiese und ich. Je länger ich dort lag, desto weniger ging mir durch den Kopf. Es geschah nichts und es gab nichts, was geschehen musste. Was davor und danach war, interessierte mich immer weniger.

Als ich den Blick vom Himmel abwandte und aufstand, hatte sich etwas verändert. Die Umgebung erschien gedämpft, irgendwie verlangsamt. Doch dann wurde mir klar, dass sich nicht die Umwelt verändert hatte, sondern ich mich. Was sich geändert hatte, war die Art und Weise, wie ich die Welt um mich herum wahrnahm. Es schien, als hätte ich in diesen Augenblicken etwas wiederentdeckt, was ich sonst selten erfahre. Aber was genau? Was war passiert – außer, dass ich herumgelegen und in die Luft gestarrt hatte? Oder war es eben einfach nur das: dass ich mich im Nichtstun eingerichtet hatte? Die Künstlerin Jenny Odell würde das, was ich getan hatte, wohl als »Übung in Aufmerksamkeit« bezeichnen. In dem so betitelten Kapitel ihres Buchs »Nichts tun« schreibt sie über die Loslösung vom Gewohnten. Darüber, wie seltsam die Realität sei, wenn wir die Perspektive verändern, wenn wir *auf* sie sehen und nicht *durch* sie. Was passiert, wenn wir uns bewusst oder unbewusst entscheiden, »die Koordinaten dessen, was wir für gewöhnlich wahrnehmen, hinter uns zu lassen«. Sie vergleicht das mit einer kindlichen Neugier, die aus dem Spannungsfeld zwischen dem Bekannten und Unbekannten erwachse: »Neugier ist das, was mich dazu bringt, mich so sehr in etwas zu vertiefen, dass ich mich selbst vergesse.« Wenn wir uns so vertiefen, könnten wir über uns selbst hinauswachsen, schreibt sie: »Es ist nämlich nicht nur das Andere, das für uns real wird, sondern eben unsere Aufmerksamkeit an sich, die greifbar wird.« Wir könnten uns selbst beim Sehen zusehen.

Diese Erfahrung, die Jenny Odell beschreibt und die ich in seltenen Momenten gemacht habe, wie zum Beispiel auf der Wiese, lässt sich mit vielen Worten beschreiben: Aufmerksamkeit, Achtsamkeit, Flow oder auch eine Art des Verbundenseins, wie sie etwa Kae Tempest beschreibt: »Verbundensein ist das Gefühl, in der Gegenwart zu landen. Wenn man vollkommen vertieft ist in das, was eine:n beschäftigt, und auf alle Einzelheiten des Erlebens achtet. Es zeichnet sich aus durch ein Bewusstsein der eigenen Winzigkeit im Großen und Ganzen. Dem Gefühl, an einen bestimmten Ort zu gehören. An genau diesen hier.« Ein Begriff, den Tempest schon andeutet, passt für mich aber am besten: Gegenwärtigkeit. Ich lag im Gras und war nicht mit irgendwelchen Dingen in meinem Kopf beschäftigt, die auf etwas anderes verwiesen als auf die Gegenwart. Keine Erinnerungen, Grübeleien, Sorgen oder Pläne für die Zukunft beschäftigten mich. Ich hielt kein Buch, keine Zeitung, kein Smartphone oder irgendetwas anderes in der Hand, was meine Aufmerksamkeit band. Ich sprach mit niemandem, hörte niemandem zu und vernahm nichts als die Geräusche der Natur. Ich unterbrach meine Handlung auch nicht, sondern verblieb in der Situation. Ich richtete meine Wahrnehmung ganz auf das, was mich umgab. Ich verband kein Ziel damit. Ich legte auch nicht fest, wie lange dieser Augenblick anhalten sollte. Oder was ich anschließend tun würde. Ich tat das, was ich tat, oder eher *nicht* tat, nicht mit einem Vorsatz oder nach einem bestimmten Ablauf. Ich wandte keine Techniken an, um das, was ich erlebte, noch zielgerichteter oder intensiver zu tun. Letztlich tat ich also – *nichts.* Das führte dazu, dass ich mich gegenwärtig fühlte. Ich wusste, dass die Zeit nicht stillstand, dennoch fühlte es sich so an. Die Gegenwart dehnte sich aus, sie schien sich über einen längeren Zeitraum zu erstrecken, als ich es gewohnt war. Dort auf der Wiese brachte ich offensichtlich weniger in meiner Zeit unter als sonst – und doch erlebte ich sie als erfüllter. Ich hatte meinen Zeithorizont für etwas Unerwartetes geöffnet. Ich fühlte mich sicher im Hier und Jetzt.

Die Erfahrung der Stille

Wenige Monate später begegnete mir in einem Buch mit dem Titel »Stille« eine sehr ähnliche Beschreibung dieses Zustands, in den ich im Frühjahr auf der Wiese geraten war. Der Bergsteiger Erling Kagge berichtet darin von seinen langen Wanderungen durch die eisige Schneelandschaft der Antarktis. Im Jahr 1993 brauchte er 51 Tage und 1.310 Kilometer, um den Südpol zu erreichen. Kagge war allein unterwegs, ohne jeden Kontakt zur Außenwelt. Bereits wenige Jahre zuvor war er Teil einer Zwei-Mann-Expedition gewesen, die als Erste den Nordpol ohne Unterstützung erreichte – also ohne Schneescooter, Hunde oder Depots. Im Jahr 1994 bestieg er den Mount Everest. Damit war Erling Kagge der erste Mensch, der die sogenannten *drei Pole der Welt* erreicht hat. Die Antarktis sei der stillste Ort, an dem er je gewesen sei, schreibt er: »Ich bin allein zum Südpol gegangen, und in dieser monoton sich erstreckenden Landschaft gab es keine von Menschen erzeugten Geräusche außer denen, die ich selbst produzierte.«

Ich weiß nicht, wie es sich anfühlt, tagelang allein durch Kälte, Eis und Schnee zu laufen, einen Schlitten hinter mir herzuziehen und bei minus 50 Grad Celsius zu versuchen, nicht zu frieren. Doch was ich bei Kagge las, rief die Erinnerung an diesen Moment im Frühjahr auf der Wiese wach. Ich fand mich in Kagges Worten wieder: »Die Zukunft spielte keine Rolle mehr, die Vergangenheit kümmerte mich nicht, ich war mit einem Mal in meinem eigenen Leben präsent.« Er sei zu einer Verlängerung seiner Umgebung geworden, schreibt Kagge. Genau das war es, was ich damals erlebt hatte. Diese Stille war keine Stille in dem Sinne, dass ich nichts gehört hätte. Da waren der Wind, der Gesang von Vögeln, das Summen der Insekten. Trotzdem erlebte ich diesen Moment als vollkommen still.

Die australische Journalistin Julia Baird schreibt in ihrem Buch »Phosphorescence«, das sie kurz vor Beginn der Pandemie und nach ihrer eigenen lebensbedrohlichen Erkrankung veröffentlichte, über die Dinge, die uns Trost spenden und uns stark machen können. Der titelgebende Begriff *Phosphoreszenz* beschreibt die Eigenschaft von Stoffen oder Körpern, im Dunkeln lange nachzuleuchten, nachdem sie vorher bestrahlt wurden. Sie speichern Lichtenergie und geben sie nur langsam wieder ab. Baird sucht nach Dingen, die uns innerlich aufleuchten lassen, und zählt zu diesen auch das »Bad in der Natur« und die Stille – eine Erfahrung, die selten geworden und im Verschwinden begriffen sei. Stille sei nicht nur die Abwesenheit von (störendem) Lärm, schreibt sie. Sie sei die Abwesenheit von menschengemachten Geräuschen: »Die wahre Freude der Stille besteht nicht darin, den Lärm auszusperren, sondern sich wieder mit der Umgebung zu verbinden und ihr zuzuhören.« Baird interessiert die Frage, wer wir sein könnten, wenn wir häufiger innehalten würden.

Pascal Mercier betont in seinem Roman »Das Gewicht der Worte« den Freiheitscharakter der Stille. »In der Stille schweigen die Erwartungen der anderen«, schreibt er. »Die Geräusche der Natur, auch diejenigen der Tiere, stören nicht, sie beeinträchtigen nicht, was an der Stille wesentlich ist: dass keine Erwartungen anderer Menschen zu hören sind, die mich bedrängen und mich von mir selbst abbringen könnten.« Erling Kagge zitiert Martin Heidegger mit dem Satz: »Die Welt verschwindet, wenn man darin aufgeht.« In Momenten der Stille, in denen wir ganz auf uns selbst zurückgeworfen sind, machen wir die seltene Erfahrung, dass äußere Erwartungen vorübergehend außer Kraft gesetzt sind. Dann entscheiden nur wir.

Die Welt verschwinden zu lassen, um sie auf diese Weise deutlicher zu sehen: Für Erling Kagge ist das »ein Schlüssel, mit dem sich neue Arten des Denkens erschließen«. Er meine damit nicht Entsagung oder etwas Spirituelles, sondern »eine praktische Ressource für ein reicheres Leben«. Viele Menschen meditieren, um in diesen Zustand zu gelangen. Ich tue das auch, obwohl ich das Ziel, das ich mit Meditation verbinde, auch auf anderen Wegen erreiche. Die Welt verschwindet für mich auch dann, wenn ich allein an meinem Schreibtisch sitze und Texte wie diesen schreibe. Auch dann ist es still, obwohl die Heizung rauscht, die Tastatur klackert, leise Musik läuft, gelegentlich Autos vorbeifahren und mein Nachbar seine Gartenarbeit mit der Motorsäge verrichtet. Selbst wenn ich Gitarre spiele und dazu singe, in der Bahn sitze und aus dem Fenster schaue, wenn ich mit einer Freundin spazieren gehe und wir uns unterhalten, ist es still. Es muss auch still sein. Denn in einer Umgebung, die wir als unruhig wahrnehmen, ist es nicht möglich, kreative Arbeit zu leisten, unseren Gedanken freien Lauf zu lassen oder tiefgründige Gespräche zu führen. Die praktische Ressource für ein reicheres Leben, von der Kagge spricht, erscheint mir auch deshalb so praktisch, weil viele Dinge nur in der Stille möglich sind: Einer Tätigkeit in Ruhe nachzugehen in dem Bewusstsein, nicht gestört zu werden und keine Erklärung dafür abgeben zu müssen, was man gerade tut – das spiegele ein tiefes menschliches Bedürfnis wider, glaubt Kagge. Doch oft ist es schwer, zur Ruhe zu kommen und der Umwelt aufmerksam zu begegnen. Dies ist sicherlich ein Teil der Erklärung für das große Bedürfnis nach Entspannungspraktiken wie Yoga oder Meditation.

Die Praxis der Untätigkeit

Vordergründig mag Meditation nach einer Abkehr von der Welt aussehen, nach Selbstversenkung, in der das Außen egal werden soll. Vor einigen Jahren las ich in einem ZEIT-Artikel der Autorin Anna Gien Folgendes: »In einer unübersichtlichen Welt voller Krieg, Insektensterben, Großgletscherschmelzen und Burn-out, in der man ab und zu das Gefühl bekommen könnte, alles gehe langsam, aber sicher den Bach runter, sollen Achtsamkeits-Apps, Slow Food und Yogastudios unsere Konzentration auf die kleinen Dinge des Lebens lenken und Behaglichkeit bis in die letzte Faser unserer optimierungsbelasteten Körper und Seelen striegeln. Draußen brüllen die Wutbürger, aber egal, jetzt heißt es erst einmal Füße hochlegen, durchatmen und Tee trinken.« Es ist sicher nicht auszuschließen, dass es bei manchen Menschen vorkommt, dass Entspannungspraktiken die Gleichgültigkeit gegenüber der Welt befördern. Aber gilt das nicht genauso für unseren Konsum? Sind die ganzen Produkte, Geräte und Medien, mit denen wir uns tagtäglich beschäftigen, nicht die eigentlichen Hilfsmittel zur Weltflucht? Sind die Achtsamkeitsapps, die uns eine kleine Pause von der Welt verschaffen, etwa unverantwortlicher als die Filterblasen, in denen wir uns bewegen, und die Streams, Storys und Reels, die wir ansehen? Führen sie uns näher zur Welt, zu unseren Mitmenschen oder zu uns selbst, wenn wir uns ständig selbst bespiegeln und andere daran teilhaben lassen, was wir in unseren Augenblicken der Gegenwärtigkeit erfahren? Wie präsent sind wir wirklich, wenn wir in einem besonderen Moment in Gedanken schon bei dessen Aufbereitung für unser Publikum sind? Ich bin immer wieder erstaunt, wie viele Menschen bereit sind, intime und außergewöhnliche Momente mit anderen öffentlich zu teilen. Warum ist es nicht genug, sich selbst zu genügen?

Es wird etwas Zentrales übersehen, wenn Entspannungspraktiken als Abwendung und Egozentrik verstanden werden. Das, was auf den ersten Blick nach einer Flucht vor den negativen Ereignissen in unserer Umwelt aussieht – ob vor der eigenen Haustür oder in fernen Regionen der Welt –, kann das genaue Gegenteil sein. Zu meditieren bedeutet nicht, die Augen vor etwas zu verschließen, sondern die eigene Wahrnehmung zu schulen. Es stimmt zwar: Fokussierung heißt, etwas ausblenden zu müssen. Aber ohne die Aufmerksamkeit konzentriert auf einen Gegenstand zu richten, ist Weltwahrnehmung nicht möglich. Wenn wir innehalten, üben wir nicht das Wegsehen, sondern das *Hinsehen*. Erst dadurch gewinnen wir eine eigene innere Haltung zu unserer Umwelt und können uns in ihr verorten. Daraus kann soziale Verantwortung erwachsen, wie auch Jack Kornfield betont, einer der bekanntesten westlichen Meditationslehrer. In seinem Bestseller »Meditation für Anfänger« schreibt er: »Der tiefere Sinn der Meditation besteht darin zu erkennen, dass wir ein Teil von allem sind, und nicht darin, vor irgendeinem Aspekt unseres Lebens davonzulaufen.« Kornfield hält Meditation weder für einen Luxus noch für einen Fluchtweg aus der Welt, sondern sieht in ihr die Möglichkeit, ein tiefes Verständnis für die eigene Verantwortung zu entwickeln.

Wenn wir Unterbrechungen in unseren Alltag einbauen und uns damit – zumindest für eine Weile – dem linearen, durchgetakteten Zeitverlauf des Alltags entziehen, erhält unser Leben eine wichtige Facette zurück: bewusste Untätigkeit. Schon in der antiken Philosophie wurde zwischen der *vita activa*, dem tätigen Leben, und der *vita contemplativa*, dem nach innen gerichteten oder betrachtenden Leben unterschieden. Die Zeiterfahrung moderner Gesellschaften ist von einem hohen Lebenstempo gekennzeichnet. Nach Hartmut Rosa folgt aus diesem »eine Verkürzung oder Verdichtung von Handlungsepisoden«. Dies erreichen wir, so Rosa, indem wir versuchen, den Zeitraum zwischen dem Ende einer Tätigkeit und dem Beginn der nachfolgenden Aktivität zu verringern. Erreichen lasse sich das durch die unmittelbare Steigerung unserer Handlungsgeschwindigkeit oder »durch eine Verringerung von Pausen und Leerzeiten zwischen den Aktivitäten, was auch als Verdichtung von Handlungsepisoden bezeichnet wird«. Das tätige Leben sieht also vor, jegliche Formen von Untätigkeit auszuschalten. Mehr noch, wir werden nicht nur schneller, sondern überlagern unsere Tätigkeiten und leisten Multitasking. *Nur* in einer Warteschlange zu stehen, *nur* einen Podcast zu hören, *nur* Bahn zu fahren, *nur* die Kinder zu betreuen – all das genügt dieser Logik zufolge nicht.

Wir geraten also nicht nur deshalb in Eile, weil der Alltag so schnelllebig ist. Das Gefühl, keine Zeit zu haben, resultiert auch aus dem Versuch, mehr in weniger Zeit zu schaffen. In einem solchen von aufeinanderfolgenden oder gleichzeitigen Tätigkeiten geprägten Lebensrhythmus ist wenig Raum für den Blick nach innen oder konzentriertes Betrachten eines Gegenstandes. Praktiken wie Meditation können daher als Versuch verstanden werden, der *vita contemplativa* neue Geltung im Alltag zu verschaffen. Das Verweilen, das Innehalten und Betrachten sind notwendige Bestandteile eines Lebens der vollen Terminkalender, in der Konzentration kaum mehr möglich scheint. Die Praktiken der Untätigkeit helfen uns dabei, wieder in Kontakt mit uns selbst zu kommen. Wir unterbrechen, was wir tun, weil in einer Gesellschaft, in der alles immer verfügbar erscheint, keine naturgegebenen oder gesellschaftlichen Pausen existieren. Die Freiheit, grenzenlos zu kommunizieren, zu konsumieren, zu arbeiten und Dinge zu erleben und zu erledigen, ist vielmehr ein Zwang: der Zwang, alles verfügbar zu machen und in Reichweite zu bringen, was erreichbar und begehrenswert scheint. Darauf verzichten zu können und nichts zu konsumieren, nichts zu erledigen und nichts zu begehren, ist in einer solchen Welt Ausdruck von Freiheit.

Nichtstun kann als passive, weltabgewandte Haltung verstanden werden – oder als bewusster Widerstand gegen die tief verinnerlichte Logik unserer auf Besitz, Informationen, Kommunikation, Unterhaltung, Produktivität und positiver Emotionalität ausgerichteten Konsumgesellschaften des Globalen Nordens. Weil unsere Zeit nämlich nicht Arbeitgeber:innen, einer digitalen Plattform oder einem Geschäft gehört, sondern uns allein, können wir es uns auch leisten, verschwenderisch mit ihr umzugehen. Die beste Beschreibung dafür, wie das geht, fand ich in dem Roman »Die Pest« von Albert Camus, den ich, wie viele andere Menschen auch, während des Lockdowns gelesen habe. Camus, oder vielmehr die erzählende Instanz, schlägt darin einige Mittel vor, wie sich die Zeit in ihrer ganzen Länge empfinden lasse: »Tage im Wartezimmer eines Zahnarztes auf einem unbequemen Stuhl verbringen; den Sonntagnachmittag auf seinem Balkon verleben; sich Vorträge in einer Sprache anhören, die man nicht versteht; die längsten und am wenigsten bequemen Eisenbahnverbindungen aussuchen und natürlich stehend reisen; an der Theaterkasse Schlange stehen und dann seine Karte nicht benutzen usw.«

Eine unglaubliche Verschwendung. Camus beschreibt diese vollkommen sinnlosen Tätigkeiten als Hilfsmittel, wenn wir unsere Zeit nicht verlieren wollen. Der verschwenderische Umgang mit der Zeit – also das Nichtstun und das unproduktive Tun –, hat, wie Camus hier andeutet, letztlich nichts mit Verschwendung im Sinne von *etwas geht verloren* zu tun. Wir sollten uns auch Sisyphos, der den Stein immer wieder den Berg hinaufrollt, als glücklichen Menschen vorstellen. »Darin besteht die verborgene Freude des Sisyphos. Sein Schicksal gehört ihm. Sein Fels ist seine Sache«, schreibt Camus in »Der Mythos des Sisyphos«. In dem berühmten Essay führt er aus, dass es keinen Unterschied für die Erfülltheit eines Lebens mache, ob man die Quantität seiner Erfahrungen steigert oder ob man es sein lässt und absurden Tätigkeiten nachgeht. »Zwei Menschen, die die gleiche Anzahl von Jahren leben, liefert die Welt stets auch die gleiche Menge von Erfahrungen. Wir müssen uns nur ihrer bewusst werden«, schreibt Camus. Es geht also nichts verloren, wenn wir unnütze Dinge tun. Das legt auch Jenny Odell in »Nichts tun« dar. Ihre Position sei antikapitalistisch. Das Wesentliche am Nichtstun sei für sie, zu hinterfragen, was wir derzeit als produktiv wahrnehmen. Denn: »Wir begreifen noch immer, dass vieles, was dem eigenen Leben Bedeutung verleiht, durch Zufälle, Unterbrechungen und unverhoffte Begegnungen zustande kommt: durch die Auszeit, die unsere heutige

mechanistische Auffassung von Erleben immer mehr zu elimi-
nieren droht.« Wenn alles, was wir tun, durchgeplant ist, gibt
es keinen Raum mehr, in dem unverhoffte Dinge passieren, die
unserem Leben Bedeutung geben.

Blitze im Nichts

Das Nichtstun und das Verweilen im Augenblick können einen
Erfahrungsraum öffnen, den uns das planmäßige, zweckorientierte Tun verschließt. Das untätige Verweilen ist auch deshalb
so wertvoll, weil es uns daran erinnert, wie vergänglich und
letztlich unverfügbar die Dinge sind, die unserem Leben einen
Wert geben. Nichts können wir jemals ganz besitzen und kontrollieren. Den kostbaren Augenblick können wir selbst dann
nicht einfangen, wenn wir ihn, oder vielmehr ein Bild dessen,
bei Instagram teilen. »Die sanfte Wucht des Augenblicks / Die
uns nur kurz die Wolken bricht / Und doch ist sie alles für mich
/ Weil sie sich nie ganz ergibt«, singt der Hamburger Liederma-
cher Karwendel in dem Lied »Blitze im Nichts«. Der Moment
der Gegenwärtigkeit ist selten und außerdem flüchtig. Früher
oder später entgleitet er uns. Das macht ihn so wertvoll.

Wir bewegen uns in solchen Momenten an der Grenze
von Verfügbarkeit und Unverfügbarkeit, die Hartmut Rosa
konzipiert und an der sich gelingendes Leben vollziehe, wie
er schreibt. Wir treten mit unserer Umwelt – dem, was uns
da gegenübersteht – in eine Beziehung. Dieses Gegenüber ist
für uns erreichbar, jedoch nicht vollständig beherrschbar. Die
Welt verfügbar zu machen sei das falsche Ziel: »Wir begehren
das, was wir (zumindest gerade) nicht haben – oder zumindest

nicht ganz haben oder kontrollieren können.« Ein Auto etwa, ein Tablet, einen Strandtag oder einen geliebten Menschen. Das Begehren sei darauf gerichtet, mit dem Begehrten in ein Antwortverhältnis zu treten. Die völlige Verfügung aber würde dazu führen, dass es an dem begehrten Gegenstand oder Menschen nichts mehr zu entdecken gibt. Das Begehren erlischt, Verfügbarkeit wird reizlos. Das bedeute, dass eine gelingende Weltbeziehung auf Erreichbarkeit zielen müsse und nicht auf Verfügbarkeit. »Ein Gegenüber muss in irgendeiner Form erreichbar sein, es muss möglich sein, mit ihm in ein Antwortverhältnis zu treten, das nicht erratisch, also komplett zufällig ist, das aber auch nicht vollständig kontrollierbar ist, und das aus eben dieser Struktur das Wechselspiel von Anrufbarkeit, Selbstwirksamkeit und Transformation in Gang setzt und damit die Erfahrung von Lebendigkeit ermöglicht«, schreibt Rosa. Er hält es für einen Grundfehler der modernen Kultur, dass sie die Sehnsucht nach ergebnisoffener Erreichbarkeit der Welt in das Verlangen nach sicherer Verfügbarkeit transformiert habe.

Wir versuchen etwas verfügbar zu machen, indem wir konsumieren, Erlebnisse suchen und ständigen Beschäftigungen nachgehen, an die wir Ziele und Ergebnisse knüpfen. Indem wir aber innehalten, untätig und unproduktiv sind, verweigern wir uns der Verfügbarmachung. Wir zeigen uns stattdessen offen für unsere Umwelt und versuchen, in eine Weltbeziehung zu treten. Wir wissen gleichzeitig, dass die Qualität, die solche Erfahrungen bergen können, nie von Dauer ist. Wenn wir uns auf diese Weise öffnen und absichtsloser handeln, steigen wir, wenn auch nur vorübergehend, aus dem eng getakteten Alltag aus und ermöglichen eine andere Form der Zeiterfahrung, wie Helga Nowotny schreibt. Sie spricht von einer Wiederaufnah-me der natürlichen Rhythmen: »Linearität soll nicht gänzlich abgeschafft werden, doch die menschliche Routine soll durch-

brochen und weniger regelmäßig gestaltet werden.« Die Macht
der Gewohnheit solle sich mit dem Neuen, Unerwarteten, dem
Durchbrechen von Routinen vermischen. Das heißt: Nur dann,
wenn wir das rasende Tempo des Alltags überwinden, können
wir die Kontrolle über unsere Zeit zurückgewinnen. Ansonsten
bleiben wir Getriebene.

Wie stark sich der Umgang mit der Zeit zwischen den Kulturen unterscheidet, hat der US-amerikanische Sozialpsycho-
loge Robert Levine in dem Buch »Eine Landkarte der Zeit«
beschrieben, einem Klassiker der Zeitforschung. Darin zeigt er,
wie Gewohnheiten und Kulturen, aber auch der Wohnort, das
Klima und der Wohlstand unser Zeitverständnis beeinflussen.
Deutschland zählt seinen Erkenntnissen nach zu den Ländern
mit dem höchsten Lebenstempo. Mit einem Forschungsteam
hat er in zahlreichen Ländern in jeweils mehreren Städten das
Lebenstempo der Menschen bestimmt. Hierzu maßen sie zum
Beispiel die durchschnittliche Gehgeschwindigkeit zufällig ausgewählter Fußgänger:innen in Innenstädten, die Zeit, die Ange-
stellte am Postschalter brauchten, um eine Standardbriefmarke
zu verkaufen, oder auch die Genauigkeit zufällig ausgewählter
Uhren an Bankgebäuden in Geschäftsvierteln. Das Ergebnis: »Menschen in Regionen mit einer blühenden Wirtschaft,
einem hohen Industrialisierungsgrad, einer größeren Einwoh-
nerzahl, einem kühleren Klima und einer auf den Individua-
lismus ausgerichteten kulturellen Orientierung bewegen sich
tendenziell schneller.« Die Hauptdeterminante für das Lebenstempo, schreibt Levine, sei die Wirtschaft. Die Menschen mit
dem höchsten Lebenstempo habe das Forschungsteam in den
reichen nordamerikanischen, nordeuropäischen und asiati-
schen Nationen angetroffen, die langsamsten in Ländern des
Globalen Südens, etwa in Südamerika und im Nahen Osten.
Eine tiefere Analyse der kulturellen Unterschiede im Umgang

mit der Zeit würde hier zu weit führen, weil einzelne Faktoren wie die Wirtschaftsleistung, das Klima oder die Bevölkerungszahl natürlich nicht zur alleinigen Erklärung des Lebenstempos ausreichen, das wiederum selbst nicht exakt messbar ist. Levine spricht davon, dass es ein chaotisches Unterfangen sei, die Sozialpsychologie von Orten zu klassifizieren: »Das Ziel besteht nicht darin, invariante Unterschiede zwischen Orten zu entdecken, sondern vorhandene Unterschiede so sorgfältig wie möglich zu beschreiben«, schreibt er.

Die kulturelle Vielfalt der sozialen Zeit ist faszinierend, ich gehe ihr an dieser Stelle aber nicht weiter nach. Schließlich ist auch meine Zeit begrenzt, oder besser gesagt: Auch ich empfinde Zeitdruck und Zeitmangel. Jedenfalls musste ich ziemlich vielen Aussagen zustimmen, nach denen Levine in dem von ihm entwickelten Fragebogen fragt. Er soll dabei helfen, das eigene Zeithandeln zu überdenken und enthält Fragen wie: *Schaust du häufig auf die Uhr und bist du dir der jeweiligen Uhrzeit besonders bewusst? Sprichst du hastig und wirst ungeduldig, wenn jemand zu lange braucht, um auf den Punkt zu kommen? Isst du hastig und bist du oft die erste Person am Tisch, die fertig ist? Gehst du schneller als die meisten Menschen? Regst du dich über zähfließenden Verkehr auf? Weist du jeder Tätigkeit einen gewissen Zeitrahmen zu? Bist du ein zwanghafter Listenschreiber? Hast du ein Übermaß an nervöser Energie? Hasst du es, zu warten? Geben andere Menschen dir den Rat, langsamer zu werden?* Diese Fragen deuten an, wie unentspannt unser Verhältnis zur Zeit ist. Das lässt sich zwar nicht von jetzt auf gleich ändern. Doch seit ich vor ein paar Jahren das erste Mal auf diesen Fragebogen stieß und einsehen musste, wie ungeduldig ich bin, wie schnell ich oft ging und wie stark es mich insgesamt leitet, wie spät es gerade ist, versuche ich, mir mein Verhalten bewusster zu machen. Ich habe verstanden, dass ich, um mehr von der Zeit zu haben, nicht schneller werden muss, sondern langsamer. Ich muss nicht die Uhren anhalten, sondern mich selbst.

Dafür müssen wir keinen radikalen Gegenentwurf leben. Schon mit kleinen Veränderungen unserer Routinen und unserer Art, über die Zeit zu denken, können wir Räume schaffen, in denen wir das Gefühl haben, über unsere Zeit verfügen zu können. Die eigene Zeit zu gestalten, bedeutet nicht nur, Termine zu managen. Es geht nicht allein darum, was wir in unserer Zeit tun, sondern auch darum, *wie* wir die Dinge tun und erleben. Es gibt nicht nur *vita activa* und *vita contemplativa*. Es gibt auch nicht nur Schnelligkeit und Langsamkeit. Das eine ist nicht besser als das andere. Es kann unerträglich sein, wenn wir die Zeit als zäh erleben und scheinbar nichts vorangeht. Manchmal scheint es, als hätten wir zu viel Zeit: Wenn wir jemanden vermissen, wenn wir sehnsüchtig einem Ereignis entgegenfiebern, wenn wir krank sind oder wenn wir uns in einem Lockdown befinden. Dann ist ein langsames Leben kein Gewinn, sondern erscheint bedeutungslos, weil es uns von einem erlösenden Ziel trennt. Diese Art der Verlangsamung führt zur Erstarrung. In seinem Roman »Das Gewicht der Worte« schreibt Pascal Mercier über diese zermürbende Leere der erlebten Zeit: »Man möchte ja nicht nur die reine Zeit in ihrem Verfließen durchstreichen, sondern auch all die Erfahrungen, die man in dieser Zeit unweigerlich machen wird; denn es ist von vornherein klar, dass sie nichts zählen werden.«

Freie Zeit, die uns belastet, weil sie uns zum Nichtstun zwingt, auch das gibt es also. Verfügen Menschen über zu viel Zeit, die sie subjektiv als unproduktiv, inaktiv und nicht erfüllend wahrnehmen, sinkt das Wohlbefinden. Das zeigte ein Team aus Verhaltensforscher:innen um Marissa Sharif in einer 2021 im Journal of Personality and Social Psychology veröffentlichten Studie, für die das Forschungsteam Daten von mehr als 35.000 US-Amerikaner:innen untersucht hat. Die Ergebnisse zeigen, dass das Gefühl, zu wenig Zeit zu haben, zwar tatsächlich mit mehr Stress verbunden ist. Mehr Zeit zu haben sei also wichtig für das subjektive Wohlbefinden. Doch es zeigte sich, dass die Zufriedenheit nicht immer weiter ansteigt, je mehr Freizeit wir haben. Ab einem bestimmten Punkt dreht sich die Kurve wieder um, die Zufriedenheit sinkt. In solchen Fällen könne der negative Effekt von zu viel freier Zeit abgemildert werden, wenn die Menschen diese Zeit für produktivere Tätigkeiten aufwenden, schreiben die Studienautor:innen. »Die meisten Menschen fürchten Leerlauf und sind glücklicher, wenn sie eine Aufgabe haben.« Menschen fühlten sich sehr gerne produktiv.

Das Nichtstun zu entdecken bedeutet also nicht, sämtliche Tätigkeiten zu unterlassen und darauf zu warten, dass etwas Unverhofftes geschieht. Die Qualität der Unterbrechung, die wir beispielsweise erleben, wenn wir auf einer Wiese liegen, in den Himmel starren, die Wolken beobachten und dem Wind zuhören, liegt ja gerade darin, dass es sich dabei um eine Pause handelt, um einen Zwischenraum. Als Dauerzustand ist das Nichtstun, verstanden als Bewegungs- und Tatenlosigkeit, wenig vielversprechend. Auf der anderen Seite kann es ja auch beflügelnd sein, etwas schnell zu tun. Wenn wir viele Dinge in kurzer Zeit schaffen, können wir positiven Stress und Selbstwirksamkeit erfahren. Es geht also vielmehr darum, eine stimmige und je nach Aufgabe und Umgebung veränderbare Geschwindigkeit zu finden, damit wir etwas machen können, was Hartmut Rosa als *Resonanzerfahrung* beschreibt: »Dabei arbeite ich nicht etwas ab oder erledige eine Aufgabe, sondern lasse mich auf eine Sache ein, die mir wirklich etwas bedeutet, die mich innerlich berührt und bewegt. Ich bin nicht nur passiv berührt, sondern antworte auf das, was mich da anruft und

erfahre mich dabei auch als selbstwirksam.« Menschen erfülle
die Ausübung von Tätigkeiten dann mit Freude und Glück,
wenn sie ihren tätigkeitsbestimmenden Endzweck in sich
selbst tragen, schreibt Rosa: »Das Backen eines Brotes oder das
Hacken von Holz kann in diesem Sinne als ungemein befriedi-
gend erlebt werden.« Das Leben gelinge nicht dann, wenn wir
reich an Optionen und Ressourcen seien, sondern wenn wir es
lieben. »*Es*, das sind dabei die Menschen, die Räume, die Aufgaben, die Ideen, die Dinge und Werkzeuge, die uns begegnen
und mit denen wir es zu tun haben. Wenn wir sie lieben, entsteht so etwas wie ein *vibrierender Draht* zwischen uns und der
Welt.« Dieser Draht, von dem Rosa immer wieder spricht, um
Resonanzerfahrungen und Weltbeziehungen zu beschreiben,
werde insbesondere gebildet durch intrinsische Interessen und
Selbstwirksamkeitserwartungen. Das heißt, wenn wir aus eigener Motivation handeln und mit dem, was wir tun, etwas bewegen können, es selbst als produktiv empfinden, dann berührt
uns diese Tätigkeit und wir fühlen uns in dem Moment, in dem
wir ihr nachgehen, aufgehoben.

Naturwesen

Im vorigen Kapitel habe ich noch gesagt, es sei nutzlos, darüber
nachzudenken, bei welchen Dingen wir das Gefühl haben, frei
über die Zeit verfügen zu können und unserem eigenen Rhythmus zu folgen. Solche *Zeit-Räume* lassen sich weder ohne Weiteres kreieren, noch funktioniert für alle Menschen das gleiche
Rezept. Ein solches existiert ohnehin nicht. Da solche Momente aber essenziell sind, wenn wir über einen besseren Umgang

mit der Zeit sprechen, lohnt es sich, genauer darüber nachzudenken, wie wir günstige Bedingungen schaffen, um die Erfahrung von Gegenwärtigkeit zu machen. Den Charakter solcher
Situationen habe ich bereits beschrieben: Es geht darum, dass
wir Dinge aus eigenem Interesse tun, dass wir sie nicht oder
nicht nur unter dem Kriterium der Nützlichkeit betrachten;
dass diese Dinge offen sind und keinem vorgegebenen Verlauf
folgen oder auf ein konkretes Ziel ausgerichtet sind. Zu Beginn
der Coronapandemie haben viele Menschen solche Erfahrungen gemacht. Vielleicht war der Zeitpunkt, etwas zu verändern,
gezwungenermaßen günstig. Das Land befand sich im Lockdown, das Coronavirus verbreitete sich immer schneller und
hatte ganze Gesellschaften nahezu lahmgelegt. Bereits damals
war abzusehen, dass die Welt nach der Pandemie eine andere
sein würde.

Der Lockdown war eine Zäsur. Wir gerieten in einen kollektiven, vollkommen ungewohnten Stillstand. Ich gehörte
allerdings nicht unbedingt zu den Menschen, die das Gefühl
hatten, plötzlich mehr Zeit zu haben. Meinen Job erledigte ich
zwar im Homeoffice, aber die Zeit, die ich einsparte, weil ich
nicht mehr ins Büro pendeln musste, investierte ich vor und
nach Feierabend vor allem in den Haushalt und die Kinderbetreuung. Gleichzeitig war ich auch von zahlreichen sozialen
Verpflichtungen und Optionen befreit. Ich brauchte nichts
mehr zu planen – keine Verabredungen, keine Ausflüge, keine Reisen, keine Feste, keine beruflichen Treffen oder Veranstaltungen. Ich brauchte keine Erklärungen mehr für das, was
ich tat oder nicht tat. Stattdessen konnte ich in der freien Zeit
unbehelligt einfach das tun, was mir in den Sinn kam.

Seit einigen Jahren gibt es den Begriff *joy of missing out*. Er
beschreibt die Freude, etwas zu verpassen, und ist das Gegenstück zur Verpassensangst, der *fear of missing out*, im Internet

oft mit *FOMO* abgekürzt, die entsteht, wenn wir um jeden Preis miterleben möchten, wenn irgendwo etwas passiert, was Bedeutung für uns haben könnte. Als Gegenreaktion darauf entstanden die Müdigkeit, dabei sein zu müssen, und die Freude daran, Termine abzusagen und Veranstaltungen fernzubleiben. Nicht auf den Bus warten zu müssen, nicht betrunken und am nächsten Tag völlig verkatert zu sein, Geld zu sparen und stattdessen mit der frei gewordenen Zeit die Aussicht auf selbstbestimmte *quality time* und *self care* entstehen zu lassen – daraus ergibt sich der Reiz des Verpassens. Die Pandemie erfüllte dieses Bedürfnis auf radikale – und am Ende unerträgliche – Weise.

Zunächst aber bot der Lockdown für viele Menschen die Möglichkeit zur Rückbesinnung. Sie räumten ihre Wohnungen auf oder arbeiteten im Garten, falls sie einen hatten. Solche Dinge werden oftmals als Rückzug ins Private abgewertet, als neue Spießigkeit, als *Neobiedermeier*. Menschen legen ein Hochbeet an oder gestalten ihren Balkon, fermentieren Gemüse, kochen Chutneys ein und machen es sich zu Hause mit Einrichtungsgegenständen gemütlich, die sie gebraucht gekauft haben. Angeblich tun sie das, statt sich für ihre Umwelt zu interessieren, politisch zu engagieren oder sozial für andere einzusetzen – das ist die schwer zu belegende Kritik an diesem Lebensstil. Denn aus meiner Sicht lässt sie die elementaren Bedürfnisse außer Acht, die mit diesem vermeintlichen Rückzug verbunden sind.

Genau genommen meine ich die Sehnsucht nach ursprünglichen, sinnlichen Erfahrungen. Es ist sicher kein Zufall, dass ich die Erfahrung, in einem Augenblick präsent und sicher verankert zu sein, bei meinen Wanderungen gemacht habe – und dass Erling Kagge sie im Schnee und Eis der Antarktis machte. Es scheint, als erführen wir die Zeit und uns selbst anders, wenn wir im Freien sind. Anders als der digitale Raum, der

unsere Aufmerksamkeit verlangt, und anders als unsere Wohn-
räume, in denen an jeder Ecke eine Aufgabe auf uns wartet, verlangt die Natur nichts von uns. Wir müssen keine Position zu
ihr beziehen, auch hält sie keine Botschaften für uns bereit. Die
Natur hat keine Agenda. Wir werden einfach mit ihrer bloßen
Existenz konfrontiert. Es gibt dort nichts zu tun für uns. »Ich
ging im Walde / So für mich hin, / Und nichts zu suchen, / Das
war mein Sinn«, schreibt Goethe in einem Gedicht. Wir können uns in der Natur treiben lassen, den einen Weg nehmen
oder auch den anderen. Vielleicht besser den anderen: »Two
roads diverged in a wood, and I – / I took the one less traveled
by, / And that has made all the difference«, so fasst es Robert
Frost in einem Gedicht zusammen. In der Natur erleben wir
die Offenheit und Ziellosigkeit unseres Tuns wie in wenigen
anderen Bereichen unseres Alltags. Sie lehrt uns auch etwas,
was Frost vielleicht ebenfalls in seinem Gedicht »The Road Not
Taken« ausdrücken wollte. Denn ob der noch unbeschrittene
Weg auch wirklich der bessere für uns ist, das bleibt offen. In
jedem Fall verpassen wir das, was auf dem Weg liegt, den wir
nicht gewählt haben.

Die Natur, auch wenn sie in weiten Teilen keine Natur mehr
ist, sondern Kulturlandschaft und Wirtschaftsraum, erhält uns
das Gefühl, abgeschnitten von der menschengemachten Welt
und dort zu sein, wo wir eigentlich beheimatet sind. Wir mer-
ken dann: Die Umwelt umgibt uns nicht nur. Wir sind selbst
ein Teil von ihr, auch wenn wir die meiste Zeit in geschlossenen Räumen verbringen – konkreten wie abstrakten. Wir leben
in durchtechnisierten, sterilen Umgebungen, die wir – anders
als die Natur – vollständig kontrollieren. Unsere Wahrnehmung sowie unsere Alltagsroutinen sind von den Strukturen
dieser Umgebungen bestimmt. Arbeit findet in Büros, Werkstätten und Fabriken statt. Wir gelangen in Autos oder Bah-

nen dorthin, die uns wenig Zerstreuung bieten. Denn durch die Stadt flattern selten Schmetterlinge, in der U-Bahn spüren wir keinen Fahrtwind, Straßen sind grau und im Büro duften keine gemähten Wiesen. Die Dinge, die uns im Alltag umgeben, erscheinen uns immer häufiger auf Bildschirmen. Das gilt seit der Coronapandemie verstärkt auch für soziale Interaktionen. Diese Entwicklungen stellen durchaus Fortschritte dar, aber eben auch eine Reduzierung unseres sinnlichen Erlebens. Dimensionen der unmittelbar erlebbaren Realität verschwinden. Mehr als jemals zuvor verbringen Menschen ihre Zeit im Internet, mit Videospielen, Streaming, Onlineshopping, Social Media, News und sonstigem Medienkonsum. Das alles bietet keinen echten Erfahrungsraum, weil alle Erlebnisse, die wir dort machen, nur Erfahrungen aus zweiter Hand sind. Die Inhalte, die wir auf den Bildschirmen konsumieren, beanspruchen unsere Sinne nur bedingt und verlangen uns wenig Engagement und Anstrengung ab.

Auch die Tätigkeiten im Haushalt sind körperlich wenig herausfordernd. Es ist selten mühsam, das zu bekommen, was wir brauchen. Wir gehen zum Supermarkt in der Nähe, fahren mit dem Auto oder der Bahn irgendwohin oder lassen uns etwas schicken. Es ist nicht nur alles im Überfluss vorhanden, sondern auch sehr einfach und in kurzer Zeit verfügbar. Wir stoßen selten auf Widerstände, wenn wir unsere Bedürfnisse befriedigen wollen. Wir – und damit meine ich den derart privilegierten Teil der Menschheit – leben in einer sehr behaglichen Welt. Selbstverständlich können wir uns dafür glücklich schätzen. Doch gleichzeitig gehen durch unsere Lebensweise elementare Dimensionen unseres Daseins verloren: die Sinnlichkeit und Körperlichkeit der Welt, aber auch die Erfahrung, dass sich die Welt unserer Kontrolle entziehen kann.

Der Aufbruch in die Natur ist so etwas wie ein geplanter

Kontrollverlust in einer zeitlich fest strukturierten Welt. Wir erleben die Zeit, uns selbst, unsere gesamte Lebenswelt anders, wenn wir die geschlossenen Räume verlassen und uns ins Freie begeben. »Unsere Augen, Nasen, Ohren, Zungen, die Haut, das Gehirn, die Hände und Füße sind nicht dafür geschaffen worden, den Weg des geringsten Widerstands zu gehen«, schreibt Erling Kagge. Da die Erde über vier Milliarden Jahre alt sei, sei es ein Zeichen von Übermut, wenn wir der Natur nicht zuhörten, sondern blind den Erfindungen des Menschen vertrauen. Kagge befürchtet, dass die Welt »flacher« werde, wenn wir uns von der Natur entfremden und in einem Leben einrichten, das durch und durch vom Menschen gestaltet ist. »Je mehr ich mich von der Natur entferne, je erreichbarer ich werde, desto unruhiger werde ich auch. Und unglücklicher.« *Flach*, diesen Begriff verwendet auch Jenny Odell – er passt in die Welt der Smartphones, Tablets und Monitore. »Ich bin oftmals überrascht, wie flach sowohl meine Aufmerksamkeit als auch meine Atmung für gewöhnlich sind«, schreibt sie. Beides können wir aber bewusst lenken, ausweiten und bündeln. Günstige Bedingungen dafür schaffen wir offenbar, wenn wir die Natur erfahren und uns im Freien bewegen. Dann ist es besonders leicht, gegenwärtig zu sein und, wie Kagge schreibt, zu etwas Ursprünglichem zurückzukehren und Ruhe zu finden.

Die Formen- und Farbenvielfalt der Natur ist eine Bedingung, die uns dabei hilft. Eine andere Bedingung ist Körperlichkeit. Wir erfahren äußere, sinnliche Reize und spüren uns selbst körperlich als aktiv Teilnehmende an dieser Umwelt. Die natürlichen Rhythmen der Natur sind näher an unseren eigenen biologischen und psychischen Rhythmen, unseren körperlichen Eigenzeiten, die uns auch in einer anthropozänen Welt bestimmen. Wir sind in erster Linie Naturwesen. Der Begriff *Eigenzeit* beschreibt, dass bestimmte Prozesse in der Natur und

auch beim Menschen innerhalb bestimmter Zeiträume stattfinden und wiederkehren – und dass sich diese Prozesse nicht
beschleunigen lassen. Wachstum, Erneuerung, Regeneration,
vieles davon würden wir gern schneller geschehen lassen. Wir
möchten unsere Akkus zügig wieder aufladen. Andere Prozesse,
wie den körperlichen Verfall und das Sterben, möchten wir auf-
halten, verzögern oder, wenn irgend möglich, vermeiden. Im
Alltag vergessen wir manchmal, dass wir natürliche, endliche
Wesen sind. Nicht ohne Grund: Das Wissen darum würde uns
nur daran erinnern, dass alles, was wir tun, der Vergänglichkeit
preisgegeben ist, weil wir früher oder später sterben müssen.
Diese traurige Einsicht, dass das Leben endlich ist und danach
auch nichts Nennenswertes auf uns wartet, beschreibt Hartmut
Rosa als kulturellen Motor der Beschleunigung: »Wer ›doppelt
so schnell‹ lebt, wer nur die Hälfte der Zeit benötigt, um eine
Handlung auszuführen, ein Ziel zu erreichen oder eine Erfahrung zu machen, kann ›die Summe‹ von Erfahrungen und
damit des eigenen Lebens in einer Lebensspanne verdoppeln.
Unser Anteil bzw. unsere Effizienz, also das Verhältnis der rea-
lisierten Optionen zu den potenziell realisierbaren Optionen,
wird verzweifacht.« Doch schon der Philosoph Hans Blumenberg schrieb 1986 in »Lebenszeit und Weltzeit«, dass diese Strategie nicht aufgeht: »Der Lebensanteil an der Welterfahrbarkeit
schrumpft trotz der Mechanismen zum Zeitgewinn, zum Auf-
holen der Erlebnisrückstände, die jeden einzelnen betreffen«.
Ein Leben, wie es jede:r nur als das eine habe, reiche zum Erleben dessen nicht aus, was *Welt* genannt wird.

Um uns daran nicht erinnern zu müssen, versuchen wir
im Alltag, die Kontrolle über unsere Zeit zu behalten. Unser
Arbeitstag, die Unterhaltungs- und Medientechnologien und
nicht zuletzt unsere individuellen Aufgaben- und Terminlisten
lassen uns in festen, linearen Zeitstrukturen denken und han-

deln. Schichtpläne, Meetings und Zielvereinbarungen geben in der Arbeitswelt den Takt vor. Abseits davon sind es die Öffnungszeiten von Kitas, Supermärkten und Ämtern, die Fahrpläne von Bussen und Bahnen, die uns leiten. Das Smartphone in der Tasche entfremdet uns weiter von unserem natürlichen Rhythmus. Wir sind jederzeit erreichbar und empfangsbereit, schauen zigmal am Tag nach verpassten Anrufen, Nachrichten und Updates. Den Rhythmus bestimmen die Technologie oder andere Menschen – nicht wir selbst. Die Eigenzeit der Medien und meine Eigenzeit als psychisches und körperliches Wesen sind nur schwer zu synchronisieren. In meinem Feed kann ich immer weiterscrollen, er endet nie. Das Gefühl, das sich etwa dann einstellt, wenn ich ein Buch zu Ende lese, es zuklappe und noch kurz über die letzten Worte sinniere – dieses Gefühl gibt es im digitalen Raum nicht. Zuklappen, etwas abschließen und damit – fürs Erste – fertig sein, ist dort nicht vorgesehen. Das ist übrigens einer der Gründe dafür, warum das Onlinemagazin Perspective Daily, für das ich arbeite, nur maximal drei Artikel pro Tag veröffentlicht – entweder zwei oder drei kürzere Texte oder einen langen Text. »Den zu lesen oder zu hören ist schaffbar und gibt so wie in Zeiten von Tageszeitung und Nachrichtensendung das Gefühl zurück, etwas abgeschlossen zu haben. Ein Gefühl, das wir online verloren haben«, schreibt die Neurowissenschaftlerin und Gründerin von Perspective Daily, Maren Urner, in ihrem Buch »Schluss mit dem täglichen Weltuntergang«.

Das Gefühl, etwas bewältigt zu haben und fürs Erste mit etwas fertig zu sein – wie sehr ich mich manchmal danach sehne! Sagen zu können: *Ist gut jetzt. Jetzt habe ich Zeit.* Wenn ich auf der Wiese liege, in den Himmel starre und alles um mich herum vergessen kann, bedeutet das, dass ich die Kontrolle abgebe. Es befreit mich von der Illusion, dass ich die Zeit kontrollieren kann. Egal wie sehr ich mich anstrenge und beeile, egal wie gut ich darin werde, meine Aufgaben, Termine und Kontakte zu koordinieren – kein Zeitmanagement der Welt wird mich an den Punkt bringen, an dem ich sagen kann: *Jetzt habe ich es geschafft und kann mich zurücklehnen.* Das Gefühl des Geschafft-Habens muss sich aus anderen Quellen speisen. Zugang zu diesen finden wir, wenn es uns gelingt, in einer Lebensgeschwindigkeit zu leben, die unseren körperlichen und psychischen Eigenzeiten entspricht. Wenn wir nicht entfremdet sind von Zeitstrukturen, die uns unter Druck setzen. Wenn wir unsere Zeit als freie Zeit begreifen. Den Tätigkeiten und Untätigkeiten, die wir in dieser freien Zeit tun und lassen können – durch eine Schneelandschaft wandern, auf einer Wiese liegen, schlafen, meditieren, am Schreibtisch sitzen und einen Text schreiben oder was auch immer es sein mag –, liegt die gemeinsame Idee zugrunde, dass wir individuelle und gesellschaftliche Gegenentwürfe zu unseren ökonomisch organisierten Zeitstrukturen brauchen. Eine anders strukturierte, selbstbestimmte Eigenzeit, in der wir unser Handeln nicht ökonomisch und quantitativ bewerten, sondern die Qualität und Ökologie der Zeit zum Maßstab des Handelns werden. All die Dinge, die wir tun oder lassen können, um einen besseren Umgang mit unserer Zeit zu finden, helfen uns, die für uns passende Lebensgeschwindigkeit zu finden. Damit das gelingt, müssen wir umdenken. Neben Schnelligkeit, Verdichtung und Effizienz müssen wir andere Handlungsmotive zulassen und die Qualität wiedererkennen, die in der Verlangsamung, der Wiederholung, der Dehnung und dem Stillstand liegt. Wenn wir den Dingen ihren Lauf lassen, wenn wir einmal nicht darüber nachdenken, wie lange etwas dauert, welchen Zweck es hat oder was wir dadurch gewinnen, wenn wir uns also treiben lassen, in etwas aufgehen, für etwas offen sind, dann entstehen Momente der Lebendigkeit. Dann gehört die Zeit uns.

Natürlich gelingt das nur, wenn die gesellschaftlichen Umstände entsprechend sind. Was Helga Nowotny vor über 30 Jahren schrieb, gilt noch immer: »Eigenzeit sich sinnvoll anzueignen, ist abhängig von der – ungleichen – sozialen Ausgangslage, von den gesellschaftlichen Hierarchien von Macht und Einkommen, in denen Menschen positioniert sind.« Zeit an sich sei nicht knapp. Der Eindruck der Zeitknappheit entstehe erst durch die Überforderung aufgrund zu vieler Erwartungen.

Wer 40 Stunden arbeitet, zahlreiche Verpflichtungen in der Familie und im Haushalt hat, dem- oder derjenigen werden auch Meditation und Spaziergänge nur bedingt weiterhelfen. Ganz davon abgesehen, dass nicht alle Menschen die Lebens- und Wohnverhältnisse haben, um in Ruhe zu meditieren oder ins Grüne zu gehen. Es hängt also nicht nur von den eigenen Fähigkeiten und Prioritäten ab, ob es uns gelingt, uns sicher im Hier und Jetzt zu verankern. Es ist auch eine Frage individueller Möglichkeiten und gesellschaftlicher Umstände. Die soziale Ausgangslage entscheidet darüber, ob und in welchem Umfang uns die Erfahrung von Gegenwärtigkeit überhaupt offensteht. Das unterschiedliche Maß an verfügbarer Zeit ist eine Frage sozialer Ungleichheit. Zeit zum Nichtstun oder zum absichtslosen Tun muss man sich auch erst einmal nehmen können. Aber woher? Eine Idee ist offensichtlich: Wir müssen weniger arbeiten – und Erwerbsarbeit und Sorgearbeit anders verteilen. Diese gesamtgesellschaftliche, politische und wirtschaftliche Aufgabe liegt jetzt vor uns.

Teil 3: Mehr Zeit zum Leben

Kapitel 5

Was wir gewinnen, wenn wir weniger arbeiten

An einem kühlen Herbstmorgen vor ein paar Jahren fuhr ich auf der A 44 Richtung Süden nach Warburg, einer kleinen Stadt an der hessischen Grenze. Ich war erst seit einer halben Stunde unterwegs, doch die Wälder, die sich links und rechts der Fahrbahn ausdehnten, gaben mir das Gefühl, weit weg zu sein. Die Autobahn war ungewöhnlich leer, die ganze Umgebung erschien still und verlassen. Im Seitenfach der Fahrertür fand ich eine CD, die ich lange nicht gehört hatte. Ich legte sie ein und drehte die Lautstärke auf. Ich erinnere mich noch, wie ich die vertrauten Passagen auf dem Lenkrad mittrommelte. Wahrscheinlich beschleunigte ich den Wagen. Als ich in Warburg ankam, fand ich eine fast märchenhafte Stadt vor. Ich wusste nur, dass es sich um eine alte Hansestadt handelte, die bekannt ist für ihre guten Böden, die Börde, und einen Fluss, die Diemel, der mitten hindurchfließt, für ihre alte Stadtmauer, Wehrtürme, Tore, Fachwerkbauten und den schon von Weitem sichtbaren Desenberg, auf dem eine Burgruine steht.

Ich weiß noch, wie erstaunt ich war über die Schönheit dieser mir bis dahin unbekannten Stadt. Dieser Morgen im September war mein erster Arbeitstag als angehender Redakteur bei der regionalen Tageszeitung. Die nächsten Monate sollte ich ausgerechnet in der Lokalredaktion arbeiten, die am weitesten von meinem damaligen Wohnort Bielefeld entfernt lag. Dort hatte ich erst wenige Tage zuvor meine Masterarbeit eingereicht. Sie handelte davon, wie Gesellschaften auf die sozialen und technologischen Beschleunigungsprozesse reagierten und welche psychischen Belastungen mit den veränderten Lebens- und Arbeitsrealitäten einhergingen. Monatelang hatte ich von morgens bis abends vor dem Laptop gesessen, nichts als schwarze Buchstaben im weißen Dokument gesehen, bis mir die Augen wehtaten. Wenn ich abends noch in den Wald ging, kam es mir manchmal so vor, als blickte ich auf eine Tapete.

Um kurz vor 10 Uhr betrat ich das Großraumbüro der Redaktion. Die Sekretärin und die Anzeigenverkäuferin empfingen mich freundlich. Ich käme genau zur rechten Zeit, sagten sie. In wenigen Tagen würde die Oktoberwoche beginnen, das wichtigste Fest des Jahres. Es dauerte neun Tage, erfuhr ich, und zeichnete sich offenbar dadurch aus, dass sich die Bevölkerung in Dirndl und Lederhosen an Tischen und Bänken in Zelten versammelte, sich mit einem süffigen, dunklen Starkbier aus der Region betrank und zu Volksmusik und Schlager tanzte. Etwas Schlimmeres hätte ich mir kaum vorstellen können – ich wollte Journalist werden und sollte nun im Bierzelt landen. Kurz darauf, als ich die leeren Seiten des nächsten Tages schon im Layoutprogramm geöffnet hatte, erschien auch der Redaktionsleiter und setzte sich direkt neben meinem Schreibtisch an seinen Platz. Während er mit einem Auge die Schlagzeilen des Konkurrenzblattes studierte, plauderten wir ein wenig. Die Tage in der Redaktion wären lang, erklärte er. Mit der Zeiterfassung würde man es hier nicht immer so genau nehmen. Journalistische Arbeit sei schwer in Stunden und Minuten zu messen, meinte er. Weil in der Stadt wenig passierte, die Seiten aber nun mal gefüllt werden mussten, war ich gezwungen, gute Themen zu finden, was als unerfahrener Lokaljournalist nicht so leicht war. An meinem ersten Tag schrieb ich über die Renovierung einer alten Scheune, über ein Schulfest und über die Petri-Stiege, einen alten Durchgang zum Krankenhaus, der wieder freigelegt werden sollte. Außerdem vereinbarte ich ein Treffen mit einem ortsansässigen Messerschmied. Zwei Tage später fuhr ich hin. Da hatte ich bereits die Idee für eine Artikelserie entwickelt. Ich wollte über alte Handwerksberufe schreiben. Über den Schmied, eine Schuhmacherin, einen Orgelbauer, eine Näherin und einen Schriftsetzer, die ihre Arbeit noch heute ausübten, entweder als Hobby oder sogar im Hauptberuf. Was mich daran faszinierte, war die Langsamkeit, über die ich in den vergangenen Monaten so viel gelesen und nachgedacht hatte, und die Beschleunigung, die die natürlichen Rhythmen des Lebens und des Arbeitens weitgehend zerstört hatte. Darüber wollte ich berichten – und mein Vorschlag wurde dankbar angenommen.

In den beiden Tagen bis zu meinem Besuch in der Werkstatt hatte ich kaum eine freie Minute gefunden, um mich vorzubereiten. Das lernte ich hier schnell: Man bereitete Termine nicht vor, recherchierte nicht, überlegte sich keine Fragen. Alles, was man wissen wusste, waren die Uhrzeit, die Adresse und der Name der Kontaktperson. Dann fuhr man einfach hin und ließ das Gespräch auf sich zukommen. Auch danach blieb kaum Zeit fürs Recherchieren. Man schrieb alle in Erfahrung gebrachten Informationen auf. Das war dann der Artikel, der am nächsten Morgen in der Zeitung stand. Und so machte ich mich mit meinem leeren Block und meiner Kamera auf den Weg.

Hans-Jürgen Kugland empfing mich an der Haustür seines Wohnhauses am Flussufer der Diemel. Wir gingen direkt in seine Werkstatt, die von außen an eine Garage erinnerte. Der Raum, den wir betraten, wirkte wie aus einer vollkommen anderen Zeit. An den Wänden lehnten Sägen, hingen Kabel, stapelten sich Pappen und standen lange Werkbänke, an denen unzählige Gerätschaften angebracht waren. In kleinen Holzkästen lagen Werkzeuge, Sprühdosen standen herum. Doch alles schien System zu haben. Ich hatte den Eindruck, dass alle Dinge regelmäßig in Gebrauch waren. Kugland zeigte mir den elektrischen Federhammer, die riemengetriebene Bohrmaschine, den Amboss, den Schmiedeofen. Ich notierte mir alles. Ich notierte, dass diese Dinge eine Seele hätten, wie Kugland sagte. Dass schon sein Vater hier gearbeitet hatte, der den Beruf seinerseits vom Vater übernommen hatte. Das war zu einer Zeit, Anfang des 20. Jahrhunderts, als es noch in jedem Dorf einen Schmied gegeben habe. Kugland erzählte mir, wie er selbst anfing, als Kunstschmied und Bauschlosser zu arbeiten, erste Messer und Beile zu schmieden, die er auf Jagdreisen in den USA erprobte. Er erzählte mir, wie er sein erstes Damastmesser herstellte, wie er über Misserfolge fluchte, stapelweise Bücher über Damaszener Stahl las und sein Handwerk perfektionierte. Er erzählte in wenigen, knappen Sätzen. Dies war kein Ort der vielen Worte.

Dann machte er sich an die Arbeit. Ich sah zu. Ich verstand nichts von dem, was er tat. Doch als ich ihn beobachtete, wie er den Stahl ins Feuer hielt, ihn nach etwa fünf Minuten im passenden Moment wieder herausholte, um ihn unter den Federhammer zu schieben, der die Funken meterweit sprühen ließ – da verstand ich, dass hier etwas passierte, das nicht mehr in die heutige Welt passte, erst recht nicht in meine. Hans-Jürgen

Kugland ging vor wie ein Künstler, der für eine kurze Zeit vergisst, dass außerhalb seines Werkes noch etwas anderes existiert. So etwas hatte ich lange nicht mehr gesehen.

»Hier ticken die Uhren anders«, sagte er später. Auch diesen Satz notierte ich mir. Er galt für den Raum, in dem wir uns befanden, aber auch für die Arbeit, die hier verrichtet wurde. Für die Herstellung eines einzigen Messers braucht Kugland Stunden, bis zu 100 manchmal. In einem Jahr kann er 50 Stück produzieren. Einige davon zeigte er mir, damit ich sie fotografieren konnte: Jagdmesser, Kochmesser, Steakmesser, alles Unikate. »Die Leute haben keinen Sinn mehr dafür, was Handarbeit ist«, sagte Kugland. Es sei etwas Besonderes, eine Sache von Anfang bis Ende herzustellen und schließlich das Erfolgserlebnis zu genießen. Irgendwann blickte ich auf meine Armbanduhr. Ich hatte völlig vergessen, dass ich noch einen ganzen Arbeitstag mit weiteren Terminen vor mir hatte und dass der fertige Artikel schon am nächsten Tag erscheinen sollte. Wie konnte das sein? Wie war es möglich, dass ich an einem so eng getakteten Arbeitstag fast in eine Art Entspannung geriet? Tatsächlich schien Zeit in dieser Werkstatt keine Rolle zu spielen. Obwohl, nein, das ist nicht ganz richtig. Denn würde der Stahl zu spät oder zu früh aus dem Feuer geholt, wäre er entweder nicht heiß genug oder zu heiß und das Messer nicht benutzbar. Die Temperatur musste 1.150 Grad Celsius betragen – und Hans-Jürgen Kugland wusste genau, wann es so weit war.

Doch auch wenn es mir so vorkam, dass die Uhren hier anders gingen als zum Beispiel im Redaktionsbüro, ist es in Wahrheit natürlich so: Zeit fließt immer gleichmäßig. Sekunden, Minuten und Stunden geben ihr einen Takt. Meistens erscheint dieser uns zu schnell, weil wir zu viele Aufgaben in zu wenig Zeit bewältigen und in Stress geraten. Und dann gibt es die seltenen Augenblicke, in denen sich ein neuer Zeithorizont zu öffnen scheint. Alles, was wir tun, ergibt sich wie von selbst aus der Aufgabe, mit der wir uns gerade befassen. So erging es mir in der Werkstatt des Messerschmieds.

Aus irgendeinem Grund habe ich das Gefühl, das ich damals hatte, nicht vergessen. Die Arbeitsrealität des Messerschmieds stand in einem krassen Widerspruch dazu, wie ich arbeitete und lebte. Bei ihm dauerte alles so lange, wie es eben dauerte. In meinem Beruf sollte nach Möglichkeit alles immer noch ein wenig schneller gehen. In den folgenden Jahren arbeitete ich nicht nur schnell, sondern auch lange – in der Regel 40 bis 50 Stunden pro Woche. Und mit jeder Woche wurde mir klarer, dass ich anders arbeiten wollte. Das 40-Stunden-Modell vertrug sich nicht mit meinem Wunsch, auch anderen Beschäftigungen nachzugehen, genug Zeit für mich zu haben und eine Familie zu gründen. Ich wollte arbeiten, aber *anders*. In der gleichen Ruhe, im gleichen Rhythmus wie ein Messerschmied, oder ein Orgelbauer, oder eine Näherin, die sich die Zeit nehmen, die sie brauchen, weil sie gar keine andere Wahl haben. Mir wurde klar, dass ich selbst bestimmen wollte, auf welche Art, zu welcher Zeit, an welchem Ort und wie lange ich arbeitete. Inzwischen weiß ich, dass nicht nur ich diesen Wunsch hege. Und ich weiß auch: Es ist möglich, weniger zu arbeiten. Mehr noch, es ist für unsere Gesellschaft sogar von grundlegender Bedeutung, dass wir Arbeit und Freizeit anders verteilen und zu einem neuen Verständnis dessen kommen, was Arbeit und Freizeit sind und sein können.

Haben wir nichts Besseres zu tun?

Es ist eigentlich eine einfache Rechnung: Würden wir weniger arbeiten, dann hätten wir endlich mehr Zeit. Die eigene Arbeitszeit zu verkürzen ist in Deutschland rechtlich gesehen auch kein allzu großes Problem. Das Gesetz fördert Teilzeitarbeit ausdrücklich: Wer länger als sechs Monate fest angestellt ist, kann verlangen, die vertragliche Arbeitszeit zu verringern. Wird der Arbeitsablauf eines Unternehmens dadurch nicht wesentlich beeinträchtigt, dann müssen Arbeitgeber:innen den Wünschen der Beschäftigten entsprechen, heißt es im Teilzeitgesetz. Sind alle, die immer noch jede Woche 40 Stunden im Büro, im Betrieb oder im Geschäft verbringen, also selbst schuld daran, dass sie so wenig Freizeit haben? Schaffen wir es nicht, uns von der tief eingeprägten Arbeitsethik zu befreien? Arbeiten wir nur aus reiner Gewohnheit und fremden Erwartungshaltungen heraus so viel? Ist es nicht absurd, dass wir einen derart großen Teil unseres Lebens der Arbeit widmen – häufig fünf Tage die Woche, von morgens bis abends? Haben wir denn nichts Besseres zu tun?

Aus Gewohnheit, weil wir es nicht anders kennen – das ist vielleicht ein Teil der Antwort. Unternehmen und Behörden leisten ihren Beitrag, um die Gewohnheit aufrechtzuerhalten, dass wir einen Großteil unseres Lebens der Arbeit widmen. Wenn ein Unternehmen Vollzeit als Normalfall betrachtet und darunter eine Arbeitszeit von rund 40 Wochenstunden versteht, müssen die, die davon abweichen wollen, dies begründen. Das stößt nicht immer auf positives Echo. Die Arbeits- und Wirtschaftswelt ist schließlich eine Welt der Leistung. Wenn die Geschäftswoche einer Firma fünf Tage beträgt, ist es praktisch, wenn die Angestellten auch fünf volle Tage da sind. Aus Sicht von Unternehmen gibt es auf den ersten Blick also wenig Gründe, flexible Zeitmodelle anzubieten und Arbeitszeiten zu verkürzen. Viel zu arbeiten ist selbstverständlich keine Gewohnheit, die wir einfach so loswerden könnten, so wie wir uns abgewöhnen können, regelmäßig Alkohol zu trinken oder nach dem Aufwachen erst einmal Nachrichten zu lesen. Und schon das fällt vielen schwer. Für die meisten Menschen stellt sich die Frage gar nicht, wie viel sie arbeiten wollen. Dass weniger Arbeit mehr Freizeit bedeutet, beinhaltet auch, dass weniger Arbeit in der Regel zu weniger Einkommen führt. Weniger Arbeit muss man sich leisten können.

Natürlich ist es wichtig, über Fragen nachzudenken wie: Wie viel Arbeit ist genug? Welche Bedeutung soll Arbeit in meinem Leben haben? Für einen großen Teil der Bevölkerung ist die erste Frage leicht zu beantworten: Genug ist, wenn es zum Leben reicht. Die Frage, ob Arbeit einen zu großen Stellenwert im Leben einnimmt, stellt sich für viele Menschen also nicht. Denn die Alternative zur Arbeit wäre Arbeitslosigkeit und das heißt: Armutsrisiko, soziale Exklusion und ein chancenarmes Leben unter der Kontrolle des Sozialstaats, der nicht davor zurückschreckt, tief in die privaten Verhältnisse seiner Bürger:innen einzudringen. Das ist abschreckend – und genau deshalb wird diese Politik praktiziert. Zu diesem Schluss jedenfalls gelangt die Journalistin Anna Mayr in ihrem Buch »Die Elenden«. Arbeitslose seien politisch gewollt. Sie sollten glauben, dass *sie* der Fehler im System seien und nicht das System *selbst* problematisch ist. In einem Interview, das wir bei Perspective Daily mit ihr geführt haben, sagt sie: »Arbeitslose sind ein Schreckgespenst. Wir müssen uns von ihnen abgrenzen. Diejenigen, die arbeiten oder sich sogar ›hocharbeiten‹, brauchen diejenigen, die nichts tun, um sich besser zu fühlen.« Es habe sich eine ganze Ideologie um die Wertigkeit des Arbeitsplatzes gespannt. Je individualisierter die Gesellschaft, desto wichtiger werde die Arbeit und desto bestimmender. »Es ist wahnsinnig einfach, Arbeitslosigkeit als Fehler von Einzelnen zu verkaufen, die dann gerettet werden, weil es so vieles am Laufen hält.«

Aber werden sie wirklich gerettet? Anna Mayrs Überlegungen werfen ein anderes Licht auf den Sozialstaat: Wer sozial und wirtschaftlich in dieser Gesellschaft überleben will, sieht in dem Sozialstaat nämlich kein weiches soziales Netz, das sie oder ihn in schwierigen Lagen auffängt. Armut und Arbeitslosigkeit bedeuten, sozial abgehängt zu sein – oft auf lange Zeit oder sogar für immer. Denn wer lange keine Arbeit hatte, hat deutlich schlechtere Chancen auf einen neuen Job – und damit auf alle anderen Chancen, die in unserer Gesellschaft mit einem Arbeitsplatz verbunden sind. Deshalb erscheint es ratsam, sich von den Armen und Abgehängten um jeden Preis abzugrenzen – durch Arbeit. So viel Arbeit, die zum Leben reicht und den Erwartungen von Wirtschaft und Gesellschaft gerecht wird. Erst dann, wenn diese Erwartungen erfüllt sind, kommen individuelle Interessen und Bedürfnisse ins Spiel. Dass es im eigenen Interesse liegen könnte, weniger Zeit des Lebens mit Erwerbsarbeit zu verbringen, und dass es sich deshalb lohnen könnte, sich für kürzere Arbeitszeiten einzusetzen, darauf kommen viele Menschen offenbar erst gar nicht.

Eine neue Normalität

In Deutschland arbeiten Menschen in der Regel 35 Stunden pro Woche. Sieben Stunden pro Tag, eine Stunde Pause, nine to five. Was sich anhört wie die Standardsituation deutscher Beschäftigter, ist nur ein Mittelwert. Mittelwerte haben die Eigenschaft, viele Realitäten zu einer Zahl zu verdichten, die leicht zu verstehen ist. Was sie aber wiedergibt, ist lediglich die Realität eines imaginierten Normalfalls. *Normal* ist aber nur das, was eine Mehrheit für normal hält. Dass es nicht nur eine, sondern viele Normalitäten gibt, darauf deutet schon das Verständnis des sogenannten *Normalarbeitsverhältnisses* hin. Es wird nach der Definition des Statistischen Bundesamtes als »ein abhängiges Beschäftigungsverhältnis verstanden, das in Vollzeit oder in Teilzeit ab 21 Wochenstunden und unbefristet ausgeübt wird«. Frühere Definitionen gingen davon aus, dass nur eine feste Vollzeitstelle ein normales Arbeitsverhältnis ist.

Der Soziologe Ulrich Mückenberger, der den Begriff in den 1980er-Jahren prägte, spricht sich heute für ein neues Normalarbeitsverhältnis aus. Einst hätten feste und klar abgegrenzte Arbeitstage, freie Wochenenden, Urlaub und Feiertage das kollektive Zusammenleben strukturiert, schreibt er. Es habe eine geteilte Arbeits- und Nichtarbeitserfahrung gegeben. Jedoch konstatiert Mückenberger: »Arbeit hat sich aber zerfasert, abgrenzbare Konturen verloren, ist zerstückelt, flexibel zusammengesetzt, intensiviert, ›desynchronisiert‹ worden. Die gelebte Normalität ist zerbröselt und hat Individualisierung hinterlassen.«

Tatsächlich lassen sich in der Fülle der Arbeitszeitmodelle – Minijobs, Teilzeit, Zeitarbeit, Elternzeit, Altersteilzeit, Pflegeteilzeit, Brückenteilzeit, verkürzte Vollzeit, Vertrauensarbeitszeit und Vollzeit – nur schwer Normalfälle identifizieren, die so etwas wie eine geteilte Erfahrung darstellen. Gleichzeitig wird zu Recht immer wieder darauf hingewiesen, wie wenig sich doch in Sachen Arbeitszeit tue, wie begrenzt die Möglichkeiten noch immer seien und wie die schon längst überholt geglaubten Rollenerwartungen weiter erfüllt werden. Etwas vereinfacht lassen sich nämlich zwei Standardsituationen aus den Arbeitsmarktdaten ableiten. Erstens: Frauen arbeiten eher in Teilzeit. Im Jahr 2020 waren knapp 16 Millionen Frauen sozialversicherungspflichtig beschäftigt. Ziemlich genau die Hälfte von ihnen arbeitete in Vollzeit (51 %), knapp die andere Hälfte in Teilzeit. Allerdings sind Minijobs – zum Beispiel im Gastgewerbe oder im Gesundheitsweisen –, die nicht sozialversicherungspflichtig sind, nicht einberechnet. Diese sind allerdings eine Frauendomäne. Zwei Drittel der ausschließlich geringfügig entlohnt Beschäftigten waren im Jahr 2020 Frauen. Für Letztere ist also beides ein Normalfall: Vollzeit und Teilzeit.

Zweitens: Männer arbeiten meistens in Vollzeit. Unter ihnen gibt es einen klar erkennbaren Standard. Im Jahr 2020 arbeiteten 89 % der sozialversicherungspflichtig beschäftigten Männer in Vollzeit. Daran hat sich in der jüngeren Vergangenheit nicht viel verändert. Zum Vergleich: Im Jahr 2008 arbeiteten knapp 93 % der Männer in Vollzeit. Arbeit ist also ungleich zwischen den Geschlechtern verteilt. Das betrifft natürlich nicht nur die bezahlte berufliche Arbeit. Es gilt auch für die unbezahlte Arbeit. Kinderbetreuung, Haus- und sonstige Familienarbeit, aber auch die private Pflege Angehöriger liegen deutlich öfter in den Händen von Frauen. Sie reduzieren ihre Arbeitszeit auch häufiger, um Verantwortung für eine zu pflegende Person zu übernehmen. Gerade dieses Ungleichgewicht, dass Frauen mehr unbezahlte Arbeit leisten und häufiger in schlechter bezahlten Jobs tätig sind, während Männer besser bezahlt werden und dank besserer Karriereoptionen wiederum bessere Chancen auf Gehaltszugewinne haben, erhält den Status quo aufrecht: Männer arbeiten Vollzeit, weil sie mit ihrem höheren Gehalt das Familieneinkommen sichern. Frauen arbeiten seltener in Vollzeit, um die Familienarbeit leisten zu können. Die daraus resultierenden gesellschaftlichen Status- und Machtverhältnisse lassen sich nur mit neuen Arbeitszeitmodellen aufbrechen.

Deutschland tut sich mit der Etablierung solcher Modelle schwer – anders als zum Beispiel die Niederlande. Dort arbeiten 23 % der Männer in Teilzeit, während das hierzulande nur etwa jeder zehnte Mann tut. Übrigens arbeiten auch drei Viertel der Frauen in den Niederlanden in Teilzeit. In keinem anderen EU-Land ist die durchschnittliche Arbeitszeit geringer. Sie liegt bei rund 30 Stunden und damit fünf Stunden unter dem deutschen und sieben Stunden unter dem EU-Schnitt. In den Niederlanden ist es ungewöhnlich, dass ein Elternteil den Beruf für die Kinder aufgibt. In Deutschland hingegen ist der Mann oft alleinverdienend. Bei etwa jedem vierten Paar mit Kindern unter 18 Jahren ist das der Fall. Dass beide Elternteile in Teilzeit arbeiten, ist selten – nur auf 4 % aller Paare trifft das zu. Noch seltener ist die Frau alleinverdienend (3 %). Wunsch und Wirklichkeit liegen oftmals weit auseinander: Schließlich wünschen sich viele Paare ein paritätisches Modell. Laut dem Väterreport der Bundesregierung aus dem Jahr 2018 fänden es 60 % der Eltern mit Kindern unter drei Jahren ideal, wenn sich beide Partner:innen gleichermaßen in Beruf und Familie einbringen könnten.

Aber wie lässt sich das verwirklichen? Was dem Soziologen Ulrich Mückenberger als neues Normalarbeitsverhältnis vorschwebt, ist eine Arbeitszeitgestaltung, bei der die zeitlichen Bedürfnisse der Menschen innerhalb wie außerhalb des Erwerbslebens erfüllt werden. »Wann gehört zur Normalität von Arbeitsverhältnissen, dass im Erwerbsalter relevante Zeiteinheiten für andere gesellschaftliche Notwendigkeiten (vor allem Caretätigkeit, aber auch Bildung, Muße etc.) zur Verfügung stehen, die mit differenziertem Entgeltersatz verbunden sind und je nach Lebenslage ›gezogen‹ werden können? Klar: Diese Normalisierung ist einschneidend – aber erst sie kann Arbeit humanisieren und die Kluft zwischen Arbeit und Leben überwinden helfen«, schreibt Mückenberger in seinem Aufsatz »Zeit für ein neues Normalarbeitsverhältnis« aus dem Jahr 2015.

Der Umfang und die Verteilung von Erwerbsarbeit passen weder in die Arbeitswelt noch in die Gesellschaft von morgen, ja, nicht einmal mehr in die von heute. Das gilt in besonderem Maße für Eltern, denen es nicht selten schwerfällt, die eigene Berufstätigkeit mit der notwendigen Familienarbeit in Einklang zu bringen. Mütter überfordert die Doppelbelastung häufig, weil sie in der Regel den Hauptanteil der Familienarbeit und des damit verbundenen Mental Loads übernehmen. Väter sind aber auch im Stress, weil sie es meist schwerer haben, flexible Zeitmodelle gegenüber Vorgesetzten und Kolleg:innen zu begründen. Dadurch können sie ihren Wünschen und Ansprüchen an die eigene Vaterschaft nur schwer gerecht werden. Für beide Elternteile ist das eine unbefriedigende, oft belastende Situation. Indem sie weiter von klassischen Rollenverteilungen ausgeht, reproduziert die Arbeitswelt Ungleichheit. Das ist aber nicht nur für die traditionelle Kleinfamilie ein Problem. Auch auf die Bedürfnisse in anderen Konstellationen jenseits des konservativen Familienbilds sind Wirtschaft und Gesellschaft noch nicht ausreichend eingestellt. Es fehlt häufig an Akzeptanz und Sensibilität, aber auch an konkreten rechtlichen und steuerlichen Verbesserungen für Alleinerziehende, für Nicht-Verheiratete oder für Erziehungsberechtigte, die nicht (nur) ihre leiblichen Kinder großziehen. Ehe und Familie stehen unter dem besonderen Schutz der staatlichen Ordnung, heißt es im Grundgesetz. Dass der Staat Gemeinschaften unterstützen und fördern will, in denen Menschen Verantwortung füreinander und für Kinder wahrnehmen, ist wichtig. Dass aber zum Beispiel Alleinerziehende oder Nicht-Verheiratete, die ein Pflegekind betreuen, gegenüber verheirateten Paaren benachteiligt werden, ist nicht zeitgemäß.

Es gibt viele Möglichkeiten, um den Belastungen von Familien besser zu begegnen. Helfen können neue, flexible Modelle für Wochenarbeitszeiten, aber auch für die langfristige Lebensplanung: etwa Lebensarbeitszeitkonten, Carezeit-Budgets und *atmende Lebensläufe*. Diese Konzepte werde ich im folgenden Kapitel ausführlicher behandeln. Zunächst aber möchte ich der Frage nachgehen, welche Arbeitszeitmodelle im Alltag funktionieren – und nicht nur für Familien, sondern für die gesamte Gesellschaft bessere Alternativen darstellen können. Die Ansprüche der Beschäftigten an ihre Arbeit verändern sich. Auch Arbeit selbst verändert sich. Es gibt zahlreiche Gründe, die für eine Reduzierung und Neugestaltung von Arbeitszeit sprechen. Einige dieser Gründe wurden mir klar, als ich am 5. Dezember 2017 am Frühstückstisch saß und die Lokalzeitung aufschlug. Darin stand ein Bericht, der noch am selben Tag deutschlandweit Wellen schlagen sollte.

Der Fünf-Stunden-Tag

»Radikales Arbeitszeitmodell: Unternehmer führt den Fünf-Stunden-Tag ein«, titelte die Neue Westfälische. Die Rede war von Lasse Rheingans, der die Geschäftsführung einer Bielefelder Digitalagentur übernommen und seinen Angestellten angeboten hatte, künftig in der Regel nur noch von 8 bis 13 Uhr zu arbeiten – bei gleichem Gehalt und gleichem Urlaubsanspruch. Doch nicht nur die Arbeitszeit veränderte der neue Chef, sondern auch die Arbeit selbst, wie die Zeitung berichtete: »Es wird wenig gequasselt, soziale Medien sollen wenig Raum bekommen, Ebay und andere Internetseiten sollten außen vor sein, Musik wird kaum gehört, das Handy als ständiger Aufmerksamkeitsfänger liegt besser in der Schublade als griffbereit. Gespräche haben einen Fahrplan, auch zeitlich; Konferenzen kein offenes Ende«, hieß es in der Neuen Westfälischen.

Als der Artikel erschien, arbeitete ich selbst noch für diese Zeitung, allerdings nur noch wenige Wochen. Nach langem Überlegen hatte ich mich entschieden, den Job als Lokalredakteur aufzugeben. Im Lokaljournalismus ist eine 40-Stunden-Woche eine ziemlich moderate Arbeitszeit. Überstunden, Abendtermine, Wochenend- und Feiertagsdienste sind typisch für den Beruf, eine Wochenarbeitszeit von 45 oder 50 Stunden ist normal. Das wollte ich nicht mehr. Das erste Kind war unterwegs und es gab noch andere Dinge, die ich mit meinem Leben anfangen wollte, als es größtenteils einem Unternehmen zu widmen. Ende 2017 interessierte ich mich also privat, aber auch beruflich für das Thema Arbeitszeit. Ich beschäftigte mich intensiver damit, welche Arbeitszeitmodelle für mich, aber auch gesellschaftlich vielversprechender sein könnten als 40-Stunden-Wochen und schlecht bezahlte Teilzeitstellen. Im Januar 2018, als ich die Festanstellung aufgegeben hatte und freiberuflich arbeitete, schrieb ich Lasse Rheingans eine E-Mail. Eine Stunde später hatten wir uns verabredet.

Als wir uns dann einige Tage später in seinem Büro in der Bielefelder Altstadt trafen, fand ich eine unruhige Stadt vor. Ich lebte etwas außerhalb von Bielefeld und war überrascht von der Betriebsamkeit, die überall herrschte. Zu dieser Zeit wurde ziemlich viel gebaut, abgerissen, erneuert und saniert, die Menschen waren genervt vom Lärm und den langen Staus. Lasse Rheingans' Büro lag unweit des Alten Marktes, der *guten Stube* der Stadt, die zu diesem Zeitpunkt aber einer einzigen Großbaustelle glich. Es war halb 12, als ich mein Rad vor dem sechsstöckigen Bürogebäude abstellte. Während auf den Baustellen gearbeitet wurde und sich die Mittagspause näherte, saßen die Angestellten der Agentur Rheingans schweigend an ihren Schreibtischen und sollten bald Feierabend haben.

Als ich im sechsten Stock ankam, an der Tür läutete und wartete, dass mir geöffnet wurde, ließ ich meinen Blick kurz über den Kamm des Teutoburger Waldes schweifen. Eine ziemlich schöne Aussicht von dort oben, für die die hier Arbeitenden aber vermutlich selten Zeit fänden, vermutete ich. Dass kaum Musik gehört und nur wenig gequasselt werde, wie in der Zeitung stand, war eine ziemliche Untertreibung. Lasse begrüßte mich leise und führte mich durch das Büro. Einige der etwa zwölf Anwesenden blickten kurz auf und grüßten kaum hörbar, andere bemerkten mich nicht oder blendeten aus, dass jemand kam. Es herrschte eine Atmosphäre wie bei einer Matheklausur. Die Arbeitsgeräusche bestanden aus dem sanften Tippen auf Tastaturen und dem gleichmäßigen Summen der Rechner. Keine Gespräche, keine Pushnachrichten – nicht einmal Telefonate. Lasse erzählte mir später, dass die Anwesenden sich häufig schriftlich via Firmenchat austauschten, obwohl sie im selben Raum saßen. Gespräche fanden eher abseits der Arbeit statt, zum Beispiel beim gemeinsamen Kochen nach Feierabend.

Aber warum das Ganze? Eine Vollzeitstelle auf fünf Stunden pro Tag verdichten, keine Gespräche, kein Schweifen des Blickes über den Wald – ist das am Ende nicht genauso anstrengend wie ein Acht-Stunden-Tag? Ist mit diesem Modell wirklich etwas gewonnen? »Die Idee ist ja: Wir kürzen alles Unnötige weg. Wir sind fokussiert, wir machen Störfaktoren aus. E-Mails kontrollieren wir nur morgens und mittags, keine Notifications«, sagte Lasse. Den Acht-Stunden-Tag brauche dann niemand mehr. Er glaube ohnehin nicht daran, dass jemand acht Stunden lang produktiv sein könne. Unternehmen würden allmählich verstehen, dass Arbeitsergebnisse nicht in Zeit gemessen werden könnten, erklärte er mir. Während unseres Gesprächs berichtete er von den Überstunden, den durchgearbeiteten Nächten, die er innerhalb von 20 Jahren im Digitalgeschäft zu oft erlebt habe. Man brenne zwar für die Sache, doch das zunehmende Lebenstempo im Job wie im privaten Lebensbereich habe ihn, als Vater von zwei Kindern, irgendwann ins Grübeln gebracht. Er las Berichte über alternative Arbeitsmodelle, fand Studien, die zeigten, dass Teilzeitkräfte produktiver seien als Vollzeitkräfte, und stieß irgendwann auf ein Buch des Unternehmers Stephan Aarstol mit dem Titel »The Five-Hour Workday: Live Differently, Unlock Productivity, and Find Happiness«. Aarstol gründete in den USA das Start-up Tower Paddle Boards. Im Jahr 2015 führte er in seiner Firma den Fünf-Stunden-Arbeitstag ein. Als Lasse das Buch las, zog er den gleichen Schluss wie Aarstol: »Wenn wir nur auf das Ergebnis schauen, dann müssten die Stunden egal sein.« Irgendwann war er der Ansicht: »Es ist allerhöchste Eisenbahn, dass das jetzt mal gemacht wird.«

Seine Angestellten ließen sich auf die Idee ein. Die Agentur wurde so über Nacht zur Pionierin in Deutschland. Die BILD-Zeitung hatte den Bericht in der Neuen Westfälischen entdeckt und Lasse Rheingans noch am selben Tag besucht. Ebenso berichteten die Nachrichtenagenturen. Es folgte ein Medienansturm, denn einen Fünf-Stunden-Arbeitstag hatte es in Deutschland bisher nicht gegeben. Das Experiment sorgte aber nicht nur für Aufsehen, weil es radikal war, sondern weil es im Großen und Ganzen funktionierte. Zwar stellte sich heraus, dass manche ihr Arbeitspensum nicht mehr schafften. Das habe aber nicht daran gelegen, dass sie nicht fokussiert seien oder langsam arbeiteten, erzählte Lasse, sondern daran, dass sie schon vorher zu viele Aufgaben hatten und deshalb bereits an einem Acht-Stunden-Tag ausgelastet waren. Dank der verringerten Arbeitszeit sei das eben sichtbar geworden. Das Team sprach nun mehr darüber, wie Aufgaben besser verteilt werden konnten. Wenn sie nun um 13 Uhr, selten mal etwas später, nach Hause gingen, seien sie zwar auch manchmal erschöpft. Aber sie hatten nun Zeit für Sport und ihre Leidenschaften. »Und diese Leidenschaft ist bei ganz vielen, sich die neuesten Trends anzugucken, sich weiterzubilden und Wissen zu vertiefen«, berichtete Lasse. Das Arbeitszeitmodell führte also dazu, dass in etwa gleich viel geleistet wird, die Angestellten sich aus eigenem Antrieb fortbilden können und am Ende immer noch mehr Freizeit haben als bei einer gewöhnlichen Arbeitswoche. Bei sich selbst konnte Lasse beobachten, dass er in der Freizeit intensiver über wesentliche, strategische Entscheidungen nachdachte, die das Unternehmen betrafen, erzählte er mir. Die Distanz zum Arbeitsalltag hatte einen neuen Raum geschaffen.

Als ich wenige Monate später wieder mit Lasse Rheingans sprach, hatte sich die Situation ein wenig verändert. Eine dichte Auftragslage, Krankheitsausfälle, aber auch die Notwendigkeit, Dinge mal länger zu besprechen als in 15-minütigen Konferenzen, hätten dazu geführt, dass der Fünf-Stunden-Arbeitstag nicht immer praktikabel war. Ohnehin wollte er das Modell nicht als starre Vorgabe verstanden wissen, auch nicht von den Medien- und Wirtschaftsleuten, die sich nun immer häufiger nach seinen Erfahrungen erkundigten. Die Arbeit im Zeitfenster von 8 bis 13 Uhr sei kein Arbeiten nach der Stechuhr, sondern eher ein Richtwert. Beschäftigte müssten heute stärker selbst organisiert sein, meinte Lasse. Wie lange sie für eine bestimmte Arbeit brauchen, wüssten sie meist selbst am besten. Es geht also darum, Kontrolle abzugeben. Dass messbare Ergebnisse in bestimmten Zeitabschnitten geleistet werden, sei eine Vorstellung, die aus der Zeit der Industrialisierung stamme. »Wir haben Phasen, da ist der Fünf-Stunden-Tag nicht möglich. Ich will aber im Monatsmittel sehen, dass nur fünf Stunden gearbeitet wird«, betonte er. Die Idee ist also: weg von der minutengenauen, täglich identischen Arbeitszeit hin zu einer flexiblen, die aber in einem vorgegebenen, messbaren Rahmen bleibt. Flexibilität bei gleichzeitiger Sicherheit, hoher Produktivität und trotzdem mehr Freizeit – es scheint möglich zu sein.

Dimensionen der Arbeitszeit

Natürlich ist der Fünf-Stunden-Arbeitstag keine Lösung für alle – aber er kann eine für viele sein. Lasse Rheingans hat die 25-Stunden-Woche eingeführt, daraus aber kein Teilzeitmodell gemacht, sondern Vollzeitstellen erhalten, bei gleichem Verdienst. Das war möglich, weil er ein Interesse an gesunden, leistungsbereiten und -fähigen Angestellten hat. Er weiß, dass zufriedene Beschäftigte produktiver sind als gestresste. Und er hat gezeigt, dass eine durchdachte Organisation dazu führt, dass viel Arbeitszeit eingespart werden kann. Niemand verliert etwas, weil die Beschäftigten weniger arbeiten. Für alle ist dieses Modell mit Vorteilen verbunden. Daraus lassen sich einige Schlüsse ableiten.

Bei einem genaueren Blick auf den Fünf-Stunden-Arbeitstag zeigt sich, dass die Idee des Modells keineswegs nur darin besteht, eine Zahl festzulegen. Die Stundenzahl pro Tag bzw. pro Woche ist zwar das Kernkriterium bei der Frage, ob Menschen ihre Arbeitszeit angemessen finden oder nicht. Doch Arbeitszeit hat mehrere Dimensionen. Eine 25-Stunden-Woche könnte zum Beispiel so aussehen: Ich arbeite in einem Büro oder im Homeoffice, habe eine geregelte Arbeitszeit von montags bis freitags in der Zeit von 8 bis 13 Uhr. Es kommt vor, dass es mal mehr zu tun gibt und ich ein wenig länger bleibe. Im Großen und Ganzen kann ich mich aber darauf verlassen, dass meine Arbeitszeit gleichbleibt und ich in meiner Freizeit und am Wochenende selten mit beruflichen Angelegenheiten behelligt werde. Meine 25-Stunden-Woche gilt in meinem Unternehmen als Vollzeit.

Eine 25-Stunden-Woche könnte aber auch so aussehen: Ich arbeite am Fließband in einer Fabrik, die Tag und Nacht produziert. Deshalb ist ein Schichtsystem nötig. Die Personalleitung legt die Schichten fest. Frühschicht, Mittelschicht und Spätschicht wechseln sich ab. Je nach Auftragslage oder Personalverfügbarkeit kann sich das kurzfristig ändern. Deshalb bin ich permanent erreichbar und abrufbereit und muss mit Überstunden rechnen. Gearbeitet wird auch am Wochenende und an Feiertagen. Auch dafür werde ich regelmäßig eingeplant. Als Ausgleich dafür erhalte ich ab und zu einen freien Tag. Meine 25-Stunden-Woche gilt in meinem Unternehmen als Teilzeit. Ich erhalte 62,5 % des vollen Gehalts und der vollen Urlaubstage.

In beiden Fällen habe ich also eine vertraglich geregelte Arbeitszeit von 25 Stunden. Doch die Bedingungen dieser Arbeitszeit sind völlig andere. Nicht nur, weil sich das Gehalt und die Urlaubstage deutlich unterscheiden. Die *Dauer* ist eine und die wohl wichtigste Dimension von Arbeitszeit. Insgesamt lassen sich aber vier Dimensionen unterscheiden, und es sind die anderen drei, die in den beiden fiktiven Beispielen den Unterschied machen: die *Lage* (zum Beispiel früh oder spät, werktags oder auch an Wochenenden), die *Verteilung* (durchgehend am Stück oder ungleichmäßig über den Tag verteilt, Gleitzeit oder Schichtarbeit, regelmäßig oder unregelmäßig) und zuletzt die *Kontrolle* (selbstbestimmte oder fremdbestimmte Arbeitszeit). Das mag sich anhören wie aus einem Lehrbuch der Arbeitssoziologie oder Personalwirtschaft. Doch es geht um Arbeitsbedingungen, die weitreichende Folgen haben für unsere Lebenszufriedenheit, unsere Gesundheit und unsere Möglichkeit, selbstbestimmt zu leben. In einer Gesellschaft, in der Erwerbsarbeit nach wie vor eine herausragende Rolle spielt, bildet die Gestaltung der Arbeitszeit die Grundlage dafür, ob wir uns in unserer Zeit gut aufgehoben fühlen und abschalten können, oder aber gehetzt und gedanklich woanders sind. Letzteres – Arbeitsstress und Zeitdruck – ist leider in der Arbeitswelt weit verbreitet.

Zeitdruck macht uns krank

Es muss nicht generell problematisch sein, in Stress zu geraten. Solange wir ihn positiv wahrnehmen, kann er uns in bestimmten Situationen sogar zu besseren Leistungen antreiben. Manchmal scheinen erst eine Deadline und ein gewisser Zeitdruck dafür zu sorgen, dass wir engagiert und zielstrebig arbeiten. Allerdings deutet wenig darauf hin, dass eine Mehrheit der Beschäftigten ihren Arbeitsstress positiv bewertet. Natürlich gibt es immer noch Berufe, in denen Tätigkeiten in einem angemessenen Tempo erledigt werden können. Denn Arbeitsrhythmen sind individuell, Routinen auch. Die meisten Berufstätigen wissen irgendwann selbst am besten, wie eine Arbeit idealerweise zu erledigen ist. Gerade in einer komplexer werdenden Arbeitswelt sind Aufgaben oft so spezifisch, dass Vorgesetzte und Führungskräfte gar nicht jedes Detail einer Tätigkeit kennen können. Trotzdem sind es häufig sie, die zu wissen glauben, wie etwas am besten geht und wie lange es dauern sollte. Führungskräfte selbst haben häufig wenig Zeit und viel Stress. In einer aktuellen Untersuchung konnte ein Forschungsteam um den Organisationspsychologen Roman Briker zeigen, dass unter Zeitdruck stehende Führungskräfte egoistischer agieren und weniger offen kommunizieren. Sie neigen häufiger zu einem autokratischen und aggressiven Führungsstil. Dieser wiederum kann sich auf den Arbeitsstress und Zeitdruck der Angestellten auswirken.

Darüber hinaus ist Zeitknappheit in vielen Unternehmen strukturell vorgesehen. Führungspersonen versuchen deshalb gar nicht erst, ihren Beschäftigten die für sie passende Arbeitsweise zu ermöglichen. Stattdessen gibt es konkrete Vorgaben, um das Arbeitsverhalten zu steuern. Mit Tools, Kennziffern, Steuerungsvorgaben und Boni als Anreiz versuchen Firmen, mehr und mehr Leistung aus ihren Angestellten herauszuholen.

Ein paar Beispiele: Reinigungskräfte haben nicht einmal zwei Minuten Zeit, um eine WC-Anlage mit zwei Toiletten zu reinigen – inklusive Sitzen, Urinalen, Waschbecken und Armaturen. Die Reinigung von Schreibtischoberflächen, Mobiliar und Einrichtung darf in einem 18 Quadratmeter großen Büro anderthalb Minuten dauern. Zehn Sekunden bleiben dafür, Spinnweben zu entfernen. Das alles geht aus einer Broschüre des Bundesinnungsverbands des Gebäudereinigerhandwerks hervor. Zalando geriet in die Schlagzeilen, weil es eine Software zur Bewertung Tausender Beschäftigter einsetzt, die nicht mit Datenschutzvorgaben vereinbar ist. Ein Mitarbeiter sprach laut einer Studie der Hans-Böckler-Stiftung von »Stasi-Methoden«, Forscher:innen warfen Zalando vor, Leistungsdruck und Stress zu fördern. Die Berliner Datenschutzbehörde zwang das Unternehmen schließlich zu Veränderungen dieses Personalsystems, das Zalando selbst als »gelebte Feedbackkultur« bezeichnet. Das Magazin The Intercept berichtete, dass Amazon-Fahrer:innen nicht auf die Toilette gehen können und deshalb in Flaschen urinieren – sie schafften sonst ihre Routen nicht rechtzeitig, erklärte ein Angestellter in dem Intercept-Artikel. Die Fahrer:innen des Lieferdienstes Gorillas haben genau zehn Minuten Zeit, um eine Bestellung per Rad auszuliefern. Einige der sogenannten *Rider* organisierten Streiks und Proteste, weil sich Stürze häuften, die Ausrüstung unzureichend war und Druck auf die Beschäftigten ausgeübt wurde, wie die Süddeutsche Zeitung berichtete.

Diese Beispiele zeigen, dass für Konzerne und Unternehmen noch immer gilt: *Zeit ist Geld.* Deswegen erscheinen alle Prozesse, die die Arbeit beschleunigen können, als wirtschaftlicher Vorteil. Tätigkeiten werden dafür so verdichtet, dass die Angestellten ständig unter Druck stehen. Da sich Unternehmen im Wettbewerb mit anderen befinden, oft auf globaler Ebene, sehen sie sich gezwungen, um jeden Preis die größtmögliche Leistung ihrer Angestellten zu erzielen – und *Leistung* ist definiert als *Arbeit pro Zeiteinheit.*

Zu wenig Zeit haben aber nicht nur Beschäftigte in der Reinigungsbranche und bei Digitalunternehmen wie Zalando und Amazon, die es sich erlauben, ihre Angestellten so zu behandeln. Zeitdruck ist in der gesamten Arbeitswelt ein gängiges Phänomen. Das zeigen verschiedene repräsentative Befragungen. So gaben im Ende 2019 veröffentlichten »DGB-Index Gute Arbeit« 53 % der befragten Arbeitnehmer:innen an, dass sie sich bei der Arbeit oft oder sehr häufig gehetzt fühlten. Fast jede:r Dritte behauptete, Pausen regelmäßig zu verkürzen oder ausfallen zu lassen. Und jede:r Vierte gab an, dass die geforderte Arbeitsmenge nicht in der dafür vorgesehenen Zeit zu bewältigen sei. Andere Untersuchungen kommen zu ähnlichen Ergebnissen. Starken Termin- oder Leistungsdruck nehmen 48 % der Beschäftigten wahr, heißt es im »Stressreport 2019« der Bundesanstalt für Arbeitsschutz und Arbeitsmedizin. Sehr schnell arbeiten müssen nach eigener Aussage 34 % der Befragten. Die Untersuchung zeigt auch, wie schwer es für viele Beschäftigte ist, überhaupt einmal ungestört und konzentriert an einer Sache zu arbeiten – Multitasking gilt als selbstverständlich.

In manchen Jobs ist genau geregelt, wie lange eine bestimmte Leistung dauern darf. Braucht etwa eine Putzkraft für die Reinigung einer Toilette zwei Minuten, ist das laut Vorgabe zu lange. Wie hier Druck entsteht, ist klar. Doch auch Jobs, in denen es keine solch strengen Vorgaben für einzelne Aufgaben gibt, sind nicht gegen Zeitdruck immun. Leistung wird dort häufig indirekt gesteuert, zum Beispiel durch Projektarbeit, Vertrauensarbeitszeit, variable Vergütungsformen oder Zielvorgaben, die zu einem bestimmten Zeitpunkt erfüllt sein müssen. Allerdings sind nicht unbedingt die Vorgaben selbst das Problem. Stattdessen reicht oft die Zeit einfach nicht aus, um sie zu erfüllen. In einer Untersuchung der Gewerkschaft ver.di zum Thema Leistungssteuerung berichteten 60 % der befragten Beschäftigten, deren Leistung über Ziele oder Ergebnisse gesteuert wird, häufiger von Gehetztsein und Zeitdruck. Gerade die Personen, die ihr Pensum nicht zu schaffen drohen, gefährden sich selbst. Um den zu hohen Ansprüchen gerecht zu werden, leisten sie regelmäßig unbezahlte Mehrarbeit zu Hause oder im Betrieb, erhöhen ihr Arbeitstempo, verkürzen Pausen, verzichten auf Urlaubstage und können in ihrer Freizeit nicht abschalten, heißt es in der Untersuchung.

Der Organisationspsychologe Roman Briker von der Universität Maastricht hat sich intensiv mit den Folgen des Zeitdrucks beschäftigt. »Wie hastig und wie schnell wir arbeiten, hat große Auswirkungen auf unser psychisches und körperliches Wohlbefinden«, sagt er. Zeitdruck könne äußerst negative gesundheitliche Auswirkungen haben – vor allem dann, wenn er konstant über Tage oder sogar Wochen anhält. Das Risiko für Schlafprobleme und Herzerkrankungen steige. Psychische Erkrankungen wie Burn-out, Angststörungen und Depressionen entstünden häufiger. Das liegt nicht nur daran, dass uns der Termindruck selbst stark belastet, sondern dass dieses gehetzte Arbeiten auch ungesundes Verhalten begünstigt. »Zeitdruck führt zu einer Art Tunnelblick. Weil unser Fokus darauf liegt, etwas schnell zu machen, ignorieren wir alles, was drumherum passiert«, erklärt Briker. Betroffene vergessen dann etwa, genug zu essen oder zu trinken, und sie nehmen sich keine Zeit mehr, um mit Kolleg:innen zu sprechen. Jedoch würde genau das dabei helfen, besser mit den Belastungen umzugehen. Wer ständig gehetzt ist, läuft auch dauerhaft Gefahr, schlecht für sich zu sorgen. Studien hätten gezeigt, dass gehetzte Menschen weniger Sport trieben, seltener ärztlichen Rat suchten und sich ungesünder ernährten, so Briker.

Was ist gute Arbeit?

Es wird deutlich, dass ein gutes Arbeitszeitmodell eines ist, das gutes Arbeiten ermöglicht. Es geht darum, wann und wie lange gearbeitet wird, aber auch darum, was in dieser Zeit geleistet werden muss und wie die Arbeit selbst gestaltet ist. Können wir autonom arbeiten, also in einem eigenen Rhythmus, auf eine Weise, die uns liegt? Oder sind wir fremdbestimmt, werden überwacht und durch Vorgaben eingeengt? Ist unsere Arbeitszeit planbar und verlässlich, oder ändert sie sich ständig und jemand anderes entscheidet über unseren Kopf hinweg? Können wir tagsüber und an Werktagen arbeiten, oder müssen wir nachts oder an Wochenenden und Feiertagen arbeiten? Leisten wir Überstunden und wenn ja, tun wir das freiwillig oder weil wir es müssen und sie womöglich weder vergütet noch abbaubar sind? Das alles sind Aspekte der Arbeitszeit, die sich auf unser Wohlbefinden, unsere Gesundheit und unsere individuellen Freiheiten auswirken.

Weil unsere Bedürfnisse individuell sind und nicht alle gleich viel oder wenig arbeiten wollen, deutet das darauf hin, dass starre Arbeitszeitmodelle keine Zukunft haben. Lebensentwürfe, persönliche Umstände und Interessen sind heute so vielfältig, dass wir uns von der Vorstellung eines Normalarbeitsverhältnisses verabschieden sollten. Sie durch ein anderes einheitliches Modell wie etwa eine Vier-Tage-Woche zu ersetzen, halte ich aber auch für keine ideale Lösung. Damit verbunden wäre nämlich immer noch die fordistische Vorstellung einer standardisierten Arbeitsweise mit Acht-Stunden-Tagen unter der Woche und einem nunmehr auf drei Tage angewachsenen Wochenende. Das klingt für mich nach: vier Tage lang dem notwendigen Übel Erwerbsarbeit nachgehen, dafür dann aber drei Tage ausruhen können. Es gibt Branchen, in denen kann das eine Alternative sein – diesem Aspekt widme ich mich später. Auch der Fünf-Stunden-Arbeitstag kann in bestimmten Branchen die ideale Lösung sein. Und wieso sollten Menschen, die ihre Arbeit lieben und keine allzu umfassenden privaten Verpflichtungen haben, nicht weiterhin 40 oder auch 50 oder gar 60 Wochenstunden arbeiten? Es muss niemand dazu gezwungen werden, mehr Freizeit zu haben, wenn die berufliche Arbeit in einer bestimmten Phase als erfüllend genug empfunden wird. Warum sollte eine Person nur vier Tage arbeiten, wenn die Leidenschaft für sieben Tage reicht?

Das alles sind Fragen, die mich in den vergangenen Jahren, während ich viel über Arbeitszeit gelesen und geschrieben habe, davon abgehalten haben, das vermeintlich perfekte Modell zu entdecken und dafür zu werben. Mir ist aber immer klarer geworden, was ganz sicher kein perfektes Arbeitsmodell ist: acht Stunden arbeiten an fünf Tagen in der Woche. Dieses Modell sollte endgültig der Geschichte angehören. Fünf Tage durch den Alltag hetzen, Samstag dann alles tun, was sonst noch erledigt werden will, einkaufen, die Wohnung putzen, den Balkon oder den Garten pflegen, Sonntag dann auf Knopfdruck ausruhen, ein Buch lesen oder mit den Kindern ins Schwimmbad fahren – das erscheint mir nur noch absurd. Warum können wir nicht auch Montag ein Buch lesen, Dienstag ins Schwimmbad fahren, Mittwoch im Garten arbeiten und uns Donnerstag ausruhen, solange wir ein bestimmtes Soll erledigen?

Eine neue Normalität bei der Arbeitszeit bedeutet für mich vor allem: die Abkehr von dem, was bisher als *normal* galt – und die Öffnung für eine Vielzahl von Modellen jenseits der 40-Stunden-Woche. Das heißt nicht, dass ich mich für eine völlige Deregulierung von Arbeitszeit ausspreche, die Grenze von Arbeit und Privatleben auflösen möchte und so etwas wie Arbeitszeiterfassung für überflüssig halte. Im Gegenteil: Es braucht aus meiner Sicht etwas, was die Deutsche Gesellschaft für Zeitpolitik als »neue, intelligente Formen der flexiblen Re-Regulierung« bezeichnet. Diese »müssen dem Umstand Rechnung tragen, dass die Entgrenzungsprozesse von Arbeit und Arbeitszeit sozial riskant sind, sofern sie auf dem Wege zur radikalen Flexibilisierung und Verdichtung der Erwerbsarbeit führen. Gerade die Eröffnung individueller Spielräume und zeitpolitischer Optionen verlangt nach einem normativen Rahmen, der Grenzen zieht«, heißt es in einem Positionspapier der Gesellschaft. Es bedürfe der unterstützenden gesellschaftlichen und staatlichen Regelung.

Das heißt, Arbeitszeit muss weiter geregelt sein, mit anpassungsfähigen Modellen und rechtlichen Verbesserungen. Diese Möglichkeiten sollten den Einzelnen erlauben, ein Arbeitszeitmodell zu wählen, das zu den eigenen Bedürfnissen, der aktuellen Lebenssituation und natürlich zur beruflichen Tätigkeit passt. Welchen Unterschied es macht, wenn solche Spielräume eröffnet werden, zeigte ein Experiment in Island. Zwischen 2015 und 2019 reduzierten knapp 3.000 Beschäftigte im Auftrag der isländischen Regierung ihre Arbeitszeit von 40 auf 35 oder 36 Wochenstunden. Das Einkommen blieb gleich. Teilgenommen haben Menschen, die etwa im Büro, im Krankenhaus, im Kindergarten oder bei der Polizei tätig sind. Nicht nur Beschäftigte mit klassischen Acht-Stunden-Tagen machten mit, sondern auch Personen, die atypische Arbeitszeiten wie Schichtdienste haben. Weil Island ein kleines Land mit rund 365.000 Einwohner:innen ist, waren mehr als 1 % der arbeitenden Bevölkerung an dem Experiment beteiligt. Schon seit mehreren Jahren wird in Island intensiv über kürzere Arbeitswochen debattiert. Mit 39,2 Stunden ist die dortige durchschnittliche Arbeitszeit vergleichsweise hoch. Der EU-Schnitt liegt bei 37 Stunden. Was würde also passieren, wenn die Isländer:innen, die wenig Freizeit gewöhnt sind, auf einmal ein paar Stunden mehr zur Verfügung hätten?

Der unabhängige Thinktank Autonomy hat das Experiment ausgewertet und die zentralen Ergebnisse im Juni 2021 in einer Studie veröffentlicht. Sie lauten: Trotz der Arbeitszeitreduzierung um vier bis fünf Stunden blieben Produktivität und Leistung der Beschäftigten an den Versuchsarbeitsplätzen gleich oder verbesserten sich sogar. Vor allem bei Beschäftigten in Büros, Schulen und Berufen im Freien stieg das Wohlbefinden. Viele berichteten davon, weniger gestresst zu sein. Und weil sich viele

Beschäftigte besser fühlten, hatten sie nicht nur mehr Freizeit, sondern auch mehr Energie, um diese mit Hobbys, Treffen mit Freund:innen, Sport oder sonstigen Aktivitäten zu füllen. Das alles wirkte sich wiederum positiv auf die Arbeitsleistung und -zufriedenheit aus. Wegen der gestiegenen Zufriedenheit sank auch das Interesse an Teilzeitbeschäftigung. Außerdem zeigten die Umfragen, dass sich die Zusammenarbeit an den Arbeitsplätzen veränderte. Kolleg:innen verhielten sich kooperativer, die Rollenverteilungen waren klarer, Führungskräfte pflegten einen faireren und motivierenden Umgang und Beschäftigte hatten den Eindruck, unabhängiger und selbstbestimmt über das eigene Arbeitstempo zu entscheiden. In Kontrollgruppen ohne Arbeitszeitveränderungen zeigten sich diese Verbesserungen nicht.

Dank ihres Umfangs, der Vielfalt der beteiligten Arbeitsplätze sowie der Fülle quantitativer und qualitativer Daten liefere die Studie bahnbrechende Belege für die Wirksamkeit der Arbeitszeitverkürzung, schließt Autonomy. Kein Wunder, dass nach der Veröffentlichung zahlreiche internationale Medien berichteten. In den Artikeln über das isländische Experiment war meist von der *Vier-Tage-Woche* die Rede. Doch in der Studie selbst heißt es, dass der Begriff eher ein gedanklicher Rahmen ist. Der Versuch in Island hatte kein starres Modell vorgesehen, das nur das Wochenende um einen Tag verlängert. Stattdessen gingen Unternehmen und Beschäftigte so mit der kürzeren Arbeitszeit um, wie es ihnen sinnvoll erschien. Sie passten Schichtpläne an, veränderten Arbeitsweisen, indem sie zum Beispiel Meetings verkürzten oder weniger Zeit mit Kaffeepausen verbrachten. Beschäftigte suchten sich einen Tag, der ihnen gut passte, um früher Feierabend zu machen. Ein Einheitsmodell gab es also nicht. »Wichtig ist vor allem, dass die Teilnehmerinnen und Teilnehmer ein hohes Maß an Selbstständigkeit bei der

Gestaltung ihrer Arbeitszeit hatten«, sagte Jack Kellam in einem Interview mit Zeit Online. Er ist wissenschaftlicher Mitarbeiter bei Autonomy und Co-Autor der Studie. In dieser ist auch zu lesen, wie sich die frei gewordene Zeit auswirkte und von den Menschen genutzt wurde. Viele Teilnehmer:innen erklärten in den Interviews, dass es ihnen jetzt leichter fiel, ihre Besorgungen zu erledigen. Sie verbrachten mehr Zeit mit der eigenen Familie. Sie kochten häufiger etwas Frisches und kümmerten sich verstärkt um eine gesunde Ernährung. Hausarbeit konnten sie leichter auch an Wochentagen erledigen. Manche Befragte berichteten, dass das ihre Lebenszufriedenheit erhöhte, weil diese Aufgaben nun nicht mehr am Wochenende anfielen. Viele Männer in heterosexuellen Beziehungen übernahmen außerdem mehr Hausarbeit, vor allem kochten und putzten sie mehr. Auch für Alleinerziehende entspannte sich die Situation spürbar. Die Teilnehmer:innen sagten auch, dass sie jetzt mehr Zeit für sich selbst hätten, um etwa Cafés zu besuchen, ihre Kinder früher vom Kindergarten abzuholen oder Hobbys nachzugehen. Was genau die Menschen in ihrer Freizeit zufriedener und ausgeglichener machte, spielt nach Ansicht des Studienautors Jack Kellam aber eine untergeordnete Rolle. Im Zeit-Interview sagte er: »Die Probanden konnten über die Zeit, in der sie nun weniger arbeiten mussten, selbst bestimmen. Es ist egal, ob jemand in dieser Zeit vor dem Computer sitzt und zockt oder im Wald spazieren geht.« Selbstbestimmung mache zufrieden, so Kellam.

Geschichte einer Idee

Die Ergebnisse aus Island liefern wertvolle Informationen darüber, wie ein gutes Arbeitszeitmodell aussehen sollte. Es muss mehrere Kriterien erfüllen, damit es uns das Leben ermöglicht, das wir leben möchten. Vor allem muss es umsetzbar sein. Es sollte selbstverständlich als ein besseres Modell wahrgenommen werden – und zwar aus Sicht der Beschäftigten und der Unternehmen. Die Hauptzutaten scheinen kürzere Arbeitszeiten, höhere Flexibilität und mehr Selbstbestimmung zu sein. Eine entscheidende Rolle spielt auch, dass das Einkommen gleichbleibt. Warum sollten Beschäftigte auch weniger verdienen, wenn sie in 35 Stunden das Gleiche leisten wie in 40 Stunden? Zeitmodelle müssen außerdem sozial gerecht, also nicht nur in ausgewählten Berufen Besserverdienender anwendbar sein. Das heißt, die gestiegene Produktivität, die Unternehmen dank Digitalisierung, Automatisierung, Robotik und künstlicher Intelligenz verzeichnen, sollte sich in geringeren Arbeitszeiten niederschlagen, ohne dass Gehälter und Löhne gekürzt werden. Es gibt keinen Grund, warum Produktionsgewinne dank technischer Entwicklungen, die eine Gesellschaft insgesamt hervorbringt, nur einer kleinen Gruppe aus Firmenbesitzer:innen, Führungs- und Vorstandspersonen sowie Aktionär:innen zugutekommen sollten. Derlei Produktionsgewinne werden in Zukunft noch deutlich höher ausfallen. Vielleicht werden uns Roboter nicht sämtliche Arbeit abnehmen oder Gesellschaften in Massenarbeitslosigkeit stürzen, doch es wäre kurzsichtig, jene Umbrüche nicht wahrzunehmen, die kommen oder schon im Gange sind.

Die aus der steigenden Produktivität erwirtschafteten Gewinne sollten sich für alle auszahlen: in Geld und Zeit. Das passiert vermutlich nicht von allein. Nicht überall können Beschäftigte damit rechnen, dass sich Führungskräfte und Geschäftsführende für kürzere Arbeitszeiten bei gleichbleibendem Einkommensniveau starkmachen. In einzelnen Firmen geschieht das. Deren Pionierarbeit kann immensen Einfluss haben. Doch eine gesamtgesellschaftliche Lösung resultiert daraus noch nicht. Darauf weist auch die Philosophin Lisa Herzog in ihrem Buch »Die Rettung der Arbeit« hin. Es sei kein Automatismus, dass Technik die unmenschlichen Aspekte der Arbeit ersetze und menschliche Arbeit auf das konzentriere, was spezielle menschliche Fähigkeiten erfordert. Dies zu erreichen, hänge vielmehr von politischen und ökonomischen Rahmenbedingungen ab. »Wenn menschliche Arbeitskraft billig ist und das menschliche Wohlergehen nicht gesetzlich geschützt wird, warum sollten sich Firmen dann darum bemühen, Technologie so einzusetzen, dass sie die Arbeit verbessert?«, fragt sie. Kurz nach der Veröffentlichung ihres Buchs habe ich für Perspective Daily mit Lisa Herzog gesprochen. Zum Thema Arbeitszeit sagte sie: »Man muss sich noch stärker darüber klar werden, was da an politischen Gestaltungsaufgaben auf uns zukommt. Das betrifft nicht nur die Arbeitswelt direkt, sondern auch die Sozialversicherungssysteme, das Bildungssystem – alles, was um die Arbeit herum auch angepasst werden muss. Meine Hoffnung ist, dass wir die Technologien so nutzen können, dass Arbeitszeitverkürzungen möglich sind, die allen zugutekommen.«

Die Vorstellung, dass Produktionssteigerungen menschliche Arbeit mehr oder weniger überflüssig machen, ist ein lange gehegter Traum. Der britische Ökonom John Maynard Keynes etwa ging davon aus, dass sich die Menschen in Zukunft von der Zeit emanzipieren werden. In einer Vorlesung im Jahr 1930 gab er die Prognose ab, dass die Enkel:innen der Studierenden, die vor ihm saßen, nur noch 15 Stunden pro Woche würden arbeiten müssen. Rund 100 Jahre werde es dauern, bis sich die notwendige Arbeit dank Technologie und Automatisierung in Drei-Stunden-Schichten erledigen lasse. Heute, knapp zehn Jahre vor dem Stichtag, liegt die Wochenarbeitszeit im OECD-Schnitt bei rund 37 Stunden. Keynes hat sich also offensichtlich verschätzt. Die Produktionszuwächse und technischen Fortschritte, die er erwartete, sind zwar eingetroffen – sie haben aber kaum etwas an unserer Arbeitszeit geändert. Der kontinuierliche Rückgang der Arbeitszeit seit Mitte des 19. Jahrhunderts hat zum Ende des 21. Jahrhunderts ein vorläufiges Plateau erreicht. Das Statistische Bundesamt meldete im Frühjahr 2021, dass die Arbeitszeiten in Deutschland seit 30 Jahren stagnieren. Die Geschichte der Arbeit ist eine Geschichte des technischen Fortschritts. Gleichzeitig ist der Zustand, in dem Maschinen uns die Arbeit abgenommen haben und fast ohne unser Zutun die Gewinne erwirtschaften, die es uns allen erlauben, in der Hängematte zu liegen und den freien Tag zu genießen, bis heute nicht eingetreten.

Wie viel Arbeit ist genug?

Obwohl Keynes' Traum nicht eingetreten ist, so ist es doch nicht unrealistisch, dass die in einer Volkswirtschaft benötigte menschliche Arbeitsleistung weiter sinkt und entsprechend auf alle qualifizierten Beschäftigten verteilt werden muss. Diese Entwicklung ist nicht neu. Als die Beschäftigten in der westdeutschen Metallindustrie im Jahr 1984 wochenlang streikten und die 35-Stunden-Woche forderten, lautete der Slogan »Mehr Zeit zum Leben, Lieben, Lachen«. Arbeit sollte menschlicher werden und weniger Raum im Leben einnehmen. Doch es ging auch darum, durch eine verkürzte Vollzeit Arbeitsplätze zu schaffen. Im Jahr des Streiks war die Arbeitslosenquote in Deutschland auf rund 8 % gestiegen. Vier Jahre zuvor hatte sie noch etwa fünf Prozentpunkte niedriger gelegen. Nach einem hart geführten Arbeitskampf wurde schließlich die schrittweise Einführung der 35-Stunden-Woche vereinbart. Dank der reduzierten Arbeitszeiten sollte Arbeit anders verteilt werden. Wenn alle etwas weniger arbeiten, dann bleiben Jobs erhalten, so die Idee.

Diese spielte auch während der Coronapandemie eine zentrale Rolle. Das bereits während der Finanzkrise 2008 in Deutschland erprobte Instrument der Kurzarbeit wurde wieder hervorgeholt. Schon nach kurzer Zeit, im April 2020, waren fast sieben Millionen Arbeitnehmer:innen in Kurzarbeit. Wieder sicherte diese Maßnahme viele Jobs, weil Beschäftigte ihre Arbeitszeit verkürzten und dafür einen teilweisen Lohnausgleich erhielten. Kurz darauf erklärte der Chef der Gewerkschaft IG Metall, Jörg Hofmann, in einem Interview mit der Süddeutschen Zeitung: »Die Vier-Tage-Woche wäre die Antwort auf den Strukturwandel in Branchen wie der Autoindustrie. Transformation darf nicht zur Entlassung, sondern muss zu guter Arbeit für alle führen. Damit lassen sich Industriejobs halten, statt sie abzuschreiben.« Im März 2021 setzte die IG Metall nach monatelangen Tarifkonflikten eine Vier-Tage-Woche für ihre Beschäftigten in Nordrhein-Westfalen durch – um Entlassungen zu verhindern. Viele weitere Tarifgebiete folgten dem Abschluss später.

Diese Entwicklungen zeigen: Es ist gar nicht notwendig, Prognosen aufzustellen, wie sich die Beschäftigungsstruktur verändern wird. Ein Blick in die Gegenwart genügt. Es gibt Branchen, in denen Arbeitsplätze wegfallen. Reduzierte Arbeitszeiten können diesen Verlust abmildern und dank Sonderzahlungen und Lohnausgleich starke Einkommensverluste verhindern. Diese neue Art, Arbeit zu verteilen, könnte in Zukunft verhindern, dass auf der einen Seite Beschäftigte unter zu hoher Arbeitsbelastung zusammenbrechen und auf der anderen Seite viele Menschen arbeitslos sind. Der Soziologe Richard Sennett hält

es für eine Illusion, dass mehr Arbeitsstunden für eine hoch-
produktive Gesellschaft notwendig seien. »Meiner Meinung
nach ist das der Versuch, eine neue Form des Kapitalismus zu
etablieren. Die Ideologie, die derzeit vorherrscht, suggeriert den
Menschen, dass nur außergewöhnliche Anstrengungen sie in
diesem System am Leben halten. Es wird das Maximum verlangt und dieses dient als Norm, um die Arbeitnehmer zu disziplinieren«, erklärte er in einem Interview mit Zeit Online.
Er schlug darin auch die Einführung eines existenzsichernden
Grundeinkommens vor: »Man versucht, die vorhandene Arbeit
zu bestimmen, um sie dann unter zwei oder drei Leuten zu
verteilen. Diese werden als Teilzeitkräfte bezahlt. Der Staat gibt
ihnen dann zusätzlich ein Grundeinkommen, um den Unterschied auszugleichen.«

Das Grundeinkommen, das ich im nächsten Kapitel noch
etwas ausführlicher behandele, liefert auch eine Antwort auf
die zentrale Frage, die sich bei der Suche nach einem guten
Arbeitszeitmodell stellt: Wie kann verhindert werden, dass kürzere Erwerbsarbeitszeit die ohnehin schon enorme sozioöko-
mische Kluft in der Gesellschaft vergrößert? Schon jetzt gibt es
auf der einen Seite diejenigen, die sich Zeit kaufen können und
unliebsame Tätigkeiten an andere Menschen auslagern, indem
sie sich Essen liefern lassen oder eine Reinigungskraft anstellen.
Diesen Zeitwohlhabenden stehen oft schlecht bezahlte Arbeit-
nehmer:innen mit harten Arbeitsbedingungen und schwierigen
Arbeitszeiten gegenüber. Ein gutes Zeitmodell dient aber nicht
der Ausnutzung der Beschäftigten, sondern trägt zu sozialer
Gerechtigkeit und Wohlstand bei: in diesem Fall zu finanziel-
lem, materiellem und zeitlichem.

Gute Modelle führen nicht zu einem Armutsrisiko, wenn wir
unsere Arbeitszeit reduzieren. Sicher können Beschäftigte mit
20 Wochenstunden nicht das Gleiche verdienen wie Vollzeit-

beschäftigte. Aber ein neues Vollzeitmodell mit deutlich weniger als 40 Stunden sollte – wie bei Lasse Rheingans – nicht zu größeren Einkommensverlusten führen, sondern voll oder annähernd voll bezahlt werden. Das muss selbstverständlich auch bedeuten, dass die volle Bezahlung unabhängig von Merkmalen wie Geschlechtsidentität, ethnischer und sozialer Herkunft sowie Behinderung ist – leider scheint es noch immer notwendig, darauf hinzuweisen. An zeitlich reduzierten, aber voll bezahlten Vollzeitstellen könnten sich davon abweichende, individuell angepasste Teilzeitstellen dann orientieren. In partnerschaftlichen oder anderen zusammenlebenden Gemeinschaften können die unterschiedlichen Arbeitszeitmodelle dann in der Kombination zu genügend Einkommen führen. Das gelingt dann am besten, wenn zusätzlich die Gender-Pay-Gap geschlossen wird, das Ehegatten- zu einem Familiensplitting weiterentwickelt wird, bestehende und neue Sozialmodelle wie Elternzeiten, Brückenteilzeiten und Grundeinkommen finanzielle und zeitliche Spielräume schaffen und so den Menschen echte Sicherheiten in ihrer Lebensplanung bieten.

Um all diesen Anforderungen gerecht zu werden, schlägt die Sozialwissenschaftlerin Jutta Allmendinger eine 32-Stunden-Woche vor – aber nicht als dauerhaftes, starres Modell, sondern als durchschnittlicher Richtwert innerhalb eines gesamten Berufslebens. Frauen müssten ihre durchschnittliche Erwerbsarbeitszeit dazu leicht erhöhen, Männer sie im Gegenzug leicht senken. Ihrem Ansatz zufolge werden die Arbeitszeiten von Männern und Frauen addiert und dann durch zwei geteilt. Dem Arbeitsmarkt würden also keine Arbeitsstunden entzogen, betont sie. Das Modell hätte mehrere Vorteile: Einerseits steht es für eine spürbare Reduzierung von Arbeitszeit, ohne zu größeren Einkommensverlusten zu führen. Andererseits ist es flexibel genug, um den vielfältigen Interessen Beschäftigter gerecht zu werden. Die 32-Stunden-Woche mit flexiblen Arbeitszeiten würde – anders als die 40-Stunden-Woche und die ebenfalls verbreiteten, armutsbefördernden Teilzeit- und Minijobs – insbesondere dazu beitragen, Geschlechterungerechtigkeit abzubauen. Frauen würde es helfen, weil sie der Teilzeitfalle entkämen, in der sie häufig Karrierechancen verpassen, niedrige Einkommen beziehen und geringe Rentenansprüche erwerben. Männern würde es helfen, weil sie sich als Väter und als Lebenspartner stärker an der Familienarbeit und dem partnerschaftlichen Mental Load beteiligen könnten und so einen Beitrag zu Gleichberechtigung leisten würden.

Evolution statt Revolution

Viele Beschäftigte wollen ihre Arbeitszeit verringern und wären dafür sogar bereit, Einkommensverluste hinzunehmen. Die Gründe dafür sind so offenkundig und vielversprechend, dass viele Menschen Konsum, Besitz und Vermögen zumindest teilweise gegen freie Zeit eintauschen würden. Beruflicher und finanzieller Erfolg sind für viele nicht mehr das Maß aller Dinge. »Bei den Beschäftigten deutet sich ein gesellschaftlich-kultureller Wandel an, der mit veränderten Bedürfnissen an das Verhältnis von Arbeits- und Lebenszeit einhergeht«, heißt es zum Beispiel in der Arbeitszeitbefragung der Bundesanstalt für Arbeitsschutz und Arbeitsmedizin aus dem Jahr 2018.

Eine Befragung des Bonner Instituts zur Zukunft der Arbeit und des Karrierenetzwerks XING ergab 2019, dass sich knapp die Hälfte der deutschen Beschäftigten eine Reduzierung der wöchentlichen Arbeitszeit wünscht. Jede fünfte befragte Person könnte sich demnach aber auch vorstellen, mehr zu arbeiten. Dieses Ungleichgewicht in der Verteilung der Arbeit ergab auch eine Untersuchung der Hans-Böckler-Stiftung aus dem Jahr 2019. Darin gaben etwa jede zehnte Frau und jeder sechste Mann an, nur deshalb in Teilzeit zu arbeiten, weil sie keine Vollzeittätigkeit fänden. Gefragt wurde auch danach, wie viele der rund 30 Millionen Vollzeitbeschäftigten weniger arbeiten würden, auch wenn das Gehalt entsprechend sänke. Das Ergebnis: Mehr als eine Million Menschen würden auch dann gern in eine 75-Prozent-Stelle wechseln – und darunter waren nicht nur Frauen, für die Teilzeit üblicher ist. Mehr als die Hälfte waren Männer mit Vollzeitjobs. Auch die IG Metall, die in den vergangenen Jahren Arbeitszeitreduzierungen in den Tarifverhandlungen durchgesetzt hat, wusste um die entsprechenden Bedürfnisse ihrer Mitglieder. Von den 680.000 Beschäftigten, die im Jahr 2017 an einer Mitgliederbefragung teilgenommen hatten, wünschten sich 68 % eine 35-Stunden-Woche oder kürzere Arbeitszeiten. Jede fünfte befragte Person wollte die Arbeitszeit auf weniger als 35 Stunden reduzieren. Gut fänden es 82 %, wenn sie ihre Arbeitszeit für Kindererziehung oder Pflege vorübergehend absenken könnten.

Während der Wunsch nach kürzeren Arbeitszeiten wächst und die Bedeutung eines hohen Einkommens abnimmt, gewinnt eine als sinnhaft erlebte Lebens- und Arbeitsgestaltung an Bedeutung. Was soll man auch mit den ganzen käuflichen Dingen, wenn gar keine Zeit da ist, um sich ihnen zu widmen? Ein genügsamer, minimalistischer Lebensstil kostet uns und die Umwelt weniger, kann aber mindestens genauso erfüllend sein wie die ganzen Konsumgüter. In vielen Fällen kann ein reduziertes Einkommen also völlig problemlos, vielleicht sogar befreiend sein, weil man nicht mehr darüber nachdenken muss, was als Nächstes gekauft werden soll. Wenn sich eine Gesellschaft langfristig in Richtung kürzere Arbeitszeiten bewegt, sollten niedrigere Einkommen aber nicht die Regel werden. Diese Forderung, bei vollem Lohnausgleich weniger zu arbeiten, ist auch alles andere als verwegen. Sie ist in der Vergangenheit schon häufig erfüllt worden.

Vor rund 100 Jahren, am 1. Januar 1919, wurde eine lange bestehende Forderung der Arbeiterbewegung in Deutschland umgesetzt: die Einführung des Acht-Stunden-Tages bei vollem Lohnausgleich. Auch damals gab es Vorreiter, etwa den Industriellen und Firmengründer Robert Bosch. »Ich habe schon früh die achtstündige Arbeitszeit eingeführt, weil ich sie für die wirtschaftlichste hielt und für die zuträglichste zur Erhaltung der menschlichen Arbeitskraft«, argumentierte er. Bereits 1884 hatte Degussa als erstes deutsches Unternehmen den Acht-Stunden-Tag eingeführt. Auch die Zeiss- und die Bayer-Werke machten schon vor der offiziellen Einführung bestärkende Erfahrungen mit dem Modell: »Zum Erstaunen der Skeptiker und Pessimistinnen brach die Wirtschaftskraft der Unternehmen nicht ein. Vielmehr wurde deutlich, dass Arbeitszeitbeschränkung weder zu Produktions- noch zu Umsatzeinbußen führten«, schreibt die Historikerin Hedwig Richter. Die Geschichte des Kapitalismus sei nicht nur die Geschichte seiner Maßlosigkeit, sondern auch die Geschichte der Arbeiterbewegung, des Sozialstaats und eines nach Reformen eifernden Bürgertums. »Sie alle wirken mäßigend. Und Unternehmer erhielten damals eine Lektion, die sie offenbar immer wieder erneut lernen müssen: Die Mäßigungen erwiesen sich in aller Regel als Gewinn für alle Seiten.«

Ab den 1960er-Jahren führten zahlreiche Branchen in Deutschland die 40-Stunden-Woche ein, der Samstag wurde zum arbeitsfreien Tag und nach einigen Jahren etablierte sich das in allen Branchen, sofern möglich, als neue Regel. Arbeitszeitverkürzung hat also eine gewisse Tradition. Es lohnt sich, aus der Geschichte zu lernen und Hoffnung aus ihr zu schöpfen. Weniger Arbeit bei gleichem Gehalt ist keine Utopie, sondern ein realistisches Ziel und, wie Richter betont, das Ergebnis lang andauernder Entwicklungen. »Wie so viele humanitäre Errungenschaften und Beschränkungen kapitalistischer Maßlosigkeit war auch die Arbeitszeitverkürzung ein Ergebnis von Reformbemühungen, von Protesten und Streiks und von jahrzehntelanger politischer Lobbyarbeit – und keine revolutionäre Errungenschaft«, schreibt sie auf Zeit Online.

Diese Einschätzung, dass wir keine Revolution benötigen, teilt Richter mit der Philosophin Lisa Herzog. Letztere sagte in unserem Interview: »Bei Revolution stellt sich ja immer die Frage: Was kommt danach? Und weiß man überhaupt genug über den Zustand, den man danach erreichen will? Es besteht die Gefahr, dass die Ideen einiger weniger Revolutionäre dem Rest der Gesellschaft aufgezwungen werden, was ja auch sehr undemokratisch sein kann.« Sie sprach sich weniger für die Umsetzung radikaler Modelle aus, die in kleineren Firmen erprobt werden, auch wenn Experimentierfreude hilfreich sei. Ihr gehe es vielmehr um die Gesamtgestaltung der Arbeitswelt. Deshalb bevorzugt sie eine *Evolution* der Unternehmen, also längerfristige Prozesse, in denen nicht die Vorstellungen Einzelner über die Fortentwicklung der Firma entscheiden, sondern in dem es einen Aushandlungsprozess nach demokratischen Prinzipien gibt. Ein solcher Prozess könnte das überfällige Ende des Acht-Stunden-Tages und der 40-Stunden-Woche sicher beschleunigen.

Die Vermessung der Arbeit

In den vorigen Abschnitten habe ich eine ganze Reihe von Modellen vorgestellt, die aus verschiedenen Perspektiven so etwas wie einen Idealzustand darstellen. Eine Vier-Tage-Woche hilft dabei, Beschäftigung zu sichern. Zur gerechteren Gestaltung von Geschlechterverhältnissen tragen 32 Stunden bei. Die Produktivität und Zufriedenheit Bürobeschäftigter steigen mit 25 Stunden. Den Raum, selbst zu entscheiden, was wir mit unserem Tag anfangen, geben uns 15 Stunden. All diese Modelle klingen logisch und erscheinen dort, wo sie eingesetzt werden, vermutlich als beste Lösung.

Das bringt mich zu einer letzten Frage, die ich beantworten möchte: Wenn es viele praktikable Lösungen gibt und man berücksichtigt, wie unterschiedlich Jobs, persönliche Bedürfnisse und Lebenssituationen sind – spricht das dann nicht dafür, dass wir generell viel freier mit dem Thema Arbeitszeit umgehen sollten? Schließlich sind konkrete Arbeitszeiten in vielen Jobs nicht immer ohne Weiteres einzuhalten. Mobile Arbeit, Erreichbarkeit per Telefon, E-Mail und Firmenchat sowie Arbeit auf Abruf lassen die Grenzen zwischen Arbeit und Privatleben verschwimmen. Die Hans-Böckler-Stiftung veröffentlichte 2018 eine Befragung, der zufolge rund die Hälfte aller Beschäftigten gelegentlich oder auch häufiger zwischen 18 und 23 Uhr arbeitet. Etwas mehr als die Hälfte arbeitet gelegentlich, oft oder sehr oft an Wochenenden. Ähnlich viele Befragte gaben an, dass sie außerhalb ihrer normalen Arbeitszeit erreichbar sein sollen. Und 38 % der Befragten gaben an, außerhalb der normalen Arbeitszeit unbezahlte Arbeit für das Unternehmen zu erledigen.

Arbeit scheint also gewissermaßen wieder stärker einen Charakter anzunehmen, den wir aus dem vorindustriellen, agrarischen Arbeitsleben kennen. Damals war der Tagesablauf durchmischt »mit schwerer Arbeit, nützlichen Verrichtungen, Unterhaltung und Geselligkeit sowie kurzen, wiederkehrenden Ruhephasen«, schreibt der Soziologe Jürgen P. Rinderspacher. Heute ist schwerste körperliche Arbeit zum Glück kaum noch erforderlich. Doch ähnlich wie damals können wir auch heute kaum mehr sagen, wo die Arbeit beginnt und wo sie endet, weil sie zunehmend digitalisiert und oft nicht mehr an einen festen Ort gebunden ist. Mittlerweile arbeiten 80 % aller Beschäftigten auch digital, heißt es in der oben genannten Untersuchung der Hans-Böckler-Stiftung. Und je höher der Grad der Digitalisierung, desto öfter klagen Beschäftigte über wachsenden Druck, Stress und unbezahlte Mehrarbeit. Mit der Digitalisierung hat sich unsere Lebensrealität verändert: Das Kind, das aus der Kita abgeholt werden muss, ein Anruf der Chefin nach Feierabend, eine E-Mail im Urlaub – diese Beispiele zeigen, dass die Trennung von Beruf und Privatleben nicht so leicht aufrechtzuerhalten ist. Das hat Vorteile und birgt Risiken. Auf jeden Fall wirkt angesichts dieser Entwicklungen eine Verpflichtung, die eigenen Arbeitszeiten präzise zu regeln und zu dokumentieren, nicht mehr ganz zeitgemäß.

Stech- und Stempeluhren dienten seit Beginn der industriellen Revolution dazu, Arbeit zu ordnen, zu überwachen, zu kontrollieren und quantifizierbar zu machen. »Die industrielle Lohnarbeit machte es zwingend erforderlich, die Zeit, die ein Arbeitnehmer an seinem Arbeitsplatz verbringt, genau zu messen. Zum einen errechnete sich daraus der Lohn. Zum anderen hatte die (Stech-)Uhr eine disziplinierende Funktion«, schreibt Rinderspacher. Zeiterfassung hatte so die natürlichen Arbeitsrhythmen abgelöst und längere Arbeitstage gebracht. Bis in die Mitte des 19. Jahrhunderts hinein waren 80 Wochenstunden keine Seltenheit. Heute wird Arbeit zwar nicht mehr mit

Löchern oder Stempeln auf personalisierten Karten erfasst, da digitale Stempeluhren, Apps oder andere Software diese weitestgehend abgelöst haben. Die Kernidee ist aber erhalten geblieben. Der Zeiterfassung liegt die Vorstellung zugrunde, dass sich Arbeitsleistung in Zeit messen lässt, sie an einem bestimmten Ort erbracht wird und von Arbeitgeber:innen überwacht werden sollte.

Diese Idee ist im Mai 2019 noch einmal gestärkt worden. Damals entschied der Europäische Gerichtshof (EuGH), dass Arbeitgeber:innen die Arbeitszeiten ihrer Beschäftigten vollständig erfassen müssen. Auch dann, wenn diese mobil arbeiten, also im Außendienst, im Homeoffice oder in einem Co-Working-Space. Die einzelnen EU-Mitgliedstaaten müssen Arbeitgeber:innen demnach verpflichten, ein verlässliches System einzurichten, um die tägliche Arbeitszeit aller Beschäftigten zu messen. Der EuGH bezieht sich in seiner Entscheidung auf das geltende EU-Sozialrecht, aber auch auf die Charta der Grundrechte der Europäischen Union, in der es heißt: »Jede Arbeitnehmerin und jeder Arbeitnehmer hat das Recht auf eine Begrenzung der Höchstarbeitszeit, auf tägliche und wöchentliche Ruhezeiten sowie auf bezahlten Jahresurlaub.« Nach der Entscheidung des EuGH diskutierten Gewerkschaften, Parteien, Verbände und Forschende, ob die Verpflichtung, Arbeitszeit zu erfassen, eine gute Idee ist. Manche sehen in ihr eine Möglichkeit, Beschäftigte vor unbezahlten Überstunden zu schützen. Andere wiederum halten das Stempeln für unvereinbar mit der heutigen Arbeitsrealität.

Es sind aber nicht nur verschiedene Meinungen, die hier vertreten werden, es werden auch unterschiedliche Arbeitsrealitäten sichtbar. Auch heute noch ist es für Beschäftigte von Vorteil, die Arbeitszeit zu dokumentieren. Wer beispielsweise als Servicekraft arbeitet und länger in der Gaststätte bleiben muss, als es der Schichtplan vorsieht, sollte für diese Arbeit auch bezahlt werden – oder einen entsprechenden Freizeitausgleich erhalten. Dafür muss die Arbeitszeit festgehalten werden. Anders ist das in Berufen, in denen nicht vorrangig Dienstleistungen erbracht oder Güter produziert werden. Seit Langem gewinnen Berufe an Bedeutung, die eine höhere Qualifizierung voraussetzen. Digitalisierung, Automatisierung und Robotik lösen die bloße Produktion zunehmend ab. Wer zum Beispiel im Marketing arbeitet, beschäftigt sich damit, wie eine Marke oder ein Produkt am besten auf dem Markt platziert werden kann. Diese Arbeit folgt keinem festen Ablauf. Die Produktion ist hier nahezu unsichtbar, weil sie mental, auf Computerbildschirmen und in Gesprächen stattfindet. Wie lange die Entwicklung einer Marke dauert, kann nur schwer von Führungskräften vorgeschrieben werden. Wer in dieser Branche also die Arbeitszeit misst, misst ungenau. Schließlich soll nicht die Anwesenheit einer Person gemessen werden, sondern ihre Leistung und Wirksamkeit. Die Erwartung, dass messbare Ergebnisse in bestimmten Zeitabschnitten geleistet werden, ist in vielen Berufen nicht mehr angemessen.

Bei einer modernen Art der Zeiterfassung geht es also weniger darum, eine täglich identische Arbeitszeit minutengenau zu dokumentieren. Vielmehr sollen flexible Arbeitsmodelle in einem vorgegebenen, messbaren Rahmen bleiben. Mehrarbeit soll begrenzt werden können. Dies bedeutet nicht gleich die Rückkehr zur Stechuhr. »Eine alleinige datentechnische Aufzeichnung ist nicht gefordert und wäre angesichts der Vielgestaltigkeit des Arbeitslebens schlicht undurchführbar«, schreibt der Rechtswissenschaftler Frank Bayreuther in einem Gutachten, das die Bundesregierung nach dem EuGH-Urteil in Auftrag gegeben hatte. Besser geeignet seien die Einhaltung eines Schichtplans, Aufzeichnungen in Papierform oder die manuelle Handhabe digitaler Zeiterfassungssysteme. Es müsse für das gesamte Wirtschaftsleben nicht ein und dieselbe Erfassungsregel gelten.

Das zeigt: Es ist möglich, Arbeitszeit frei einzuteilen und gleichzeitig darüber Buch zu führen. Dafür gibt es sogar gute Gründe. Denn eine Orientierung an Arbeitsergebnissen birgt die Gefahr ausufernder Arbeitszeiten. Überstunden können stattdessen auf einem Zeitkonto gesammelt werden. Wer an einem Tag länger arbeiten will oder muss, kann die gesammelten Überstunden dafür an einem anderen Tag einsetzen, um weniger zu arbeiten oder einen freien Tag zu haben. Zeiterfassung ist die Voraussetzung dafür, dass das möglich ist. Nicht zu vergessen ist auch, dass Arbeitsverträge die Arbeitsleistung immer noch anhand der zu leistenden Arbeitszeit regeln. Solange das so ist, ist Transparenz über die geleisteten Stunden unabdingbar. Das gilt besonders für Errungenschaften wie Tarifverträge und Mindestlöhne. Die Orientierung an geleisteter Arbeitszeit ist dort das Ergebnis langer Arbeitskämpfe. Die Idee der Vertrauensarbeitszeit, bei der Beginn und Ende des Arbeitstages nicht festgelegt sind, könnte leicht zu Missbrauch führen. Gerade am heimischen Arbeitsplatz ist es schwer, Grenzen zu ziehen. Flexibles Arbeiten hilft zwar bei der Vereinbarkeit von Beruf und Familie, doch viele Beschäftigte neigen zu Hause auch dazu, mehr als nötig zu arbeiten. Auch hier kann eine Zeiterfassung helfen.

Die Messung von Arbeitszeit ist kein Ausdruck von Misstrauen. Die Idee, ungeregelte Vertrauensarbeitszeit abzulehnen, bedeutet nicht, den Beschäftigten errungene Freiräume zu nehmen. Im Gegenteil: Die Arbeitszeiterfassung kann zu mehr Fairness beitragen. Eine moderne Auslegung der Stechuhr schützt Beschäftigte im Idealfall vor Überstunden und ungesunden Arbeitsweisen. Sie gibt ihnen gleichzeitig die Möglichkeit, Arbeit zeitsouverän einzuteilen. Die Zeit bleibt also ein wichtiger Faktor dafür, wie wir unsere Arbeit gestalten und alles, was nicht Arbeit ist, mit ihr in Einklang bringen. Modelle müssen nicht starr sein, doch ohne einen festen Zeitrahmen geht es nicht. Vieles spricht dafür, dass wir als Individuen, als Familien, als Gesellschaft, aber auch als Unternehmer:innen und Volkswirtschaften von kürzeren Arbeitszeiten profitieren. Wie ich in diesem Kapitel schon angedeutet habe, betrifft dies nicht nur die Frage, ob wir 40, 32, 25 oder noch weniger Stunden pro Woche arbeiten sollten. Wie viel wir arbeiten können und möchten hängt auch von der Lebensphase ab, in der wir uns befinden. Es geht nicht nur um die tägliche und wöchentliche Arbeitszeit, die über unseren Zeitwohlstand entscheidet, sondern um Arbeitszeit im biografischen Kontext, im Laufe des Lebens.

Kapitel 6

Zeit für andere:
Wege in eine sorgende Gesellschaft

Es gibt viele Gründe dafür, um in bestimmten Phasen des Lebens den Fokus auf andere Dinge zu richten als auf die berufliche Tätigkeit: Elternzeiten nach der Geburt eines Kindes, Pflegezeiten für Angehörige, soziales Engagement, die Ausübung eines Ehrenamtes, Weiterbildung oder eine persönliche Auszeit nach einer anstrengenden Lebensphase. In fast jedem dieser Beispiele steht ein entscheidendes Merkmal im Vordergrund, das in vielen Erwerbsberufen eine eher untergeordnete Rolle spielt: Zeit zu haben, um für andere da zu sein. An einem normalen Acht-Stunden-Arbeitstag orientiert sich die gesamte Gestaltung des Alltags an der Berufstätigkeit. Die Zeit nach dem Aufstehen dient dazu, sich auf den Tag vorzubereiten und alles akut Wichtige zu erledigen. Man muss sich fertig machen, das Essen vorbereiten, die Sachen packen, vielleicht die Kinder in die Kita bringen und schließlich rechtzeitig im Bus, in der Bahn oder im Auto sitzen. Nach acht Stunden am Arbeitsplatz dient der Rest des Tages dann der Regeneration.

Jedoch bleibt kaum Zeit für sich selbst und andere. Ein solches Arbeitsleben lässt wenig Raum, um sich um Kinder oder andere Angehörige zu kümmern, sich sozial oder politisch zu engagieren oder auch einer ganz anderen Tätigkeit nachzugehen, einer Leidenschaft zu folgen oder ein Hobby auszuüben. Das alles spricht dafür, den Arbeitstag zu verkürzen. Dem Soziologen Jürgen P. Rinderspacher schwebt eine *Dreizeitgesellschaft* vor: »Auf der Basis eines Sechs-Stunden-Arbeitstages würden die Menschen dann den aktiven Teil des Tages- oder Wochenverlaufs nach drei Zonen unterscheiden: erstens, Zeit zur Existenzsicherung, zweitens, Zeit für gemeinwohlorientierte freiwillige Tätigkeiten (zum Beispiel zwei Stunden pro Tag) und drittens, Zeit zur freien Verfügung für Eigenarbeiten, Pflege- und Erziehungsaufgaben, Bildung, Freizeitgestaltung und Schlaf«, schreibt Rinderspacher in seinem Buch »Mehr Zeitwohlstand«. Wir hätten mehr Zeit für uns, aber auch für andere. Dass wir dazu unsere Arbeitszeit auf ein Mindestmaß reduzieren müssen, erscheint naheliegend. Dann müssten wir weniger Zeit in die Optimierung der Fähigkeiten investieren, die ein Unternehmen von uns verlangt. Wir müssten weniger Zeit mit der Arbeit selbst verbringen, aber auch weniger Zeit für die Regeneration aufbringen, die aufgrund der beruflichen Belastungen nötig ist. Doch bei der Frage, welchen Raum Arbeit in unserem Leben einnehmen sollte, darf auch nicht vergessen werden, dass die Arbeitswelt nicht nur ein Markt ist, auf dem Arbeitskraft gegen Bezahlung angeboten wird. Auch in der beruflichen Arbeit, die heute als Erwerbsarbeit organisiert ist, liegt eine enorme soziale Kraft.

Die soziale Seite der Arbeit

Arbeit kann – im besten Fall – Gemeinschaft und Sinn stiften. Bei ihr kommen wir mit Menschen zusammen, die wir uns nicht aussuchen können, die unterschiedlich alt sind, diverse soziale und kulturelle Prägungen sowie verschiedene Interessen, Wertvorstellungen und Temperamente haben, kurz: die ganz unterschiedliche Leben führen. Arbeit kann eine integrierende Kraft haben und so sozialen Zusammenhalt stärken. Wir lernen, auch mit Menschen zu kooperieren, denen wir vielleicht sonst aus dem Weg gehen würden, weil wir sie nicht mögen oder ihre Werte nicht teilen. Die Arbeitswelt ist ein Ort, der uns als Gesellschaft miteinander in Kontakt bringt. Erwerbsarbeit zu überwinden und in eine *Post-Work-Gesellschaft* überzugehen, in der alle ihren Fähigkeiten und Interessen folgen und das tun, was sie wollen und können, halte ich nicht nur für ein abwegiges, sondern auch wenig erstrebenswertes gesellschaftliches Ziel. Die Behauptung, dass Arbeit Mühsal ist, unsere Arbeitskraft eine Ware, die wir verkaufen und dass das, was wir tun, nur dazu dient, den eigenen Lebensunterhalt zu verdienen, ist kurzsichtig gedacht. Wer Arbeit nur als Mittel zu dem Zweck versteht, dem Markt irgendwelche Produkte und Dienstleistungen zukommen zu lassen, die im Zweifel sogar überflüssig sind, übersieht etwas: Arbeit führt uns als Gesellschaft zusammen.

Dieses Bild von Arbeit als soziales System, schreibt die Philosophin Lisa Herzog in ihrem Buch »Die Rettung der Arbeit«, müssten wir dringend zurückgewinnen. »In einer Welt, die von Wettbewerb und Konkurrenz geprägt ist, betont es, dass wir auf einer grundlegenden Ebene alle in einem Boot sitzen und uns gegenseitig wertschätzen sollten für das, was wir jeweils beitragen.« Herzog betont, dass in der ökonomischen Betrachtung von Arbeit vergessen werde, dass sie uns auch sozial einbindet, wir Selbstwirksamkeit erfahren, also in der Arbeit selbst einen Sinn sehen und nicht nur im erworbenen Lohn. Wir arbeiten *mit* anderen, weil wir Aufgaben gemeinsam koordinieren, teilen und am Ende zusammen etwas Ganzes schaffen. Und wir arbeiten *für* andere, weil unsere Arbeit eine Leistung für andere Menschen ist. Auf meine Frage in meinem Interview mit Herzog, wie es denn zusammenpasst, dass sie eine Reduzierung der Arbeitszeit befürwortet, aber gleichzeitig die positiven Seiten der Arbeit herausstellt, antwortete sie: »Ich denke, dass Arbeit zum Leben einfach dazugehört. Das muss vielleicht nicht unbedingt Lohnarbeit sein. Aber tätig zu sein, gemeinsam mit anderen, die Umwelt zu formen, um Bedürfnisse zu befriedigen, um auch eigene Ideen in die Wirklichkeit umzusetzen – das sind ja zutiefst menschliche Impulse. Das sollte erhalten bleiben.«

Es gibt viele Gründe, beruflich kürzerzutreten. Arbeit hat aber auch eine wertvolle Funktion, die über das bloße Geldverdienen hinausgeht. Wie eine Untersuchung der Universität Bielefeld und des Wissenschaftlichen Instituts der AOK aus dem Jahr 2018 zeigen konnte, sind für Beschäftigte die beiden wichtigsten Merkmale ihrer Arbeit »sichere und gesunde Arbeitsbedingungen« und »das Gefühl, etwas Sinnvolles zu tun«. Von den repräsentativ Befragten finden das 94 % bzw. 93 % wichtig oder sehr wichtig. Es folgen viele weitere Wünsche an die Arbeit, die deren sozialen Charakter betonen: ein Beruf, bei dem man anderen helfen kann; viel Kontakt zu anderen Menschen; ein Beruf, der geachtet und für die Gesellschaft nützlich ist. Erst am Ende der Liste folgen finanzielle und Karriereaspekte. Ein hohes Einkommen ist nur 60 % der Befragten wichtig.

Laut einer Umfrage der Hans-Böckler-Stiftung glauben 65 % der Beschäftigten in Deutschland, mit ihrer Arbeit einen bedeutsamen Beitrag für die Gesellschaft zu leisten – und zwar in einem hohen oder sogar sehr hohen Maße. Nur 9 % sehen keinen sozialen Wert in ihrer Tätigkeit. Erwerbsarbeit als Belastung zu sehen, die es zu überwinden gilt, etwa zugunsten eines bedingungslosen Grundeinkommens und mehr ehrenamtlicher Tätigkeiten, greift also zu kurz. Doch wie viel müssen wir arbeiten, damit die positiven Effekte der Arbeit zum Tragen kommen? Das wollte im Jahr 2019 eine Gruppe britischer Sozialwissenschaftler:innen herausfinden. In ihrer Studie »A shorter working week for everyone« fragten sie: Was ist das Minimum an bezahlter Arbeit, das es braucht, um die positive Wirkung von Arbeit auf die Lebenszufriedenheit und psychische Gesundheit zu spüren? Und wie sieht die optimale Arbeitszeit aus, bei der die psychische Gesundheit der Beschäftigten am besten ist?

Dafür haben sie die Daten einer Längsschnittstudie mit rund 70.000 Befragten in britischen Haushalten aus den Jahren 2009 bis 2018 ausgewertet. Das Ergebnis: Schon eine bis acht Stunden bezahlter Arbeit pro Woche führen zu einem besseren psychischen Wohlbefinden bei jenen Beschäftigten, die zuvor arbeitslos und ohne eigenes Einkommen waren. Die perfekte Arbeitszeit in Bezug auf Zufriedenheits- und Gesundheitseffekte fand die Forschungsgruppe hingegen nicht. Sie konnte keine signifikanten Unterschiede zwischen denjenigen feststellen, die nur eine bis acht Stunden arbeiteten, und denen, die 44 bis 48 Stunden tätig waren. »Das traditionelle Modell, in dem alle Menschen 40 Stunden pro Woche arbeiten, beruhte nie darauf, wie viel Arbeit den Menschen guttut. Unsere Studie lässt den Schluss zu, dass Mikrojobs denselben psychologischen Vorteil haben wie Vollbeschäftigung«, schreiben die Forscher:innen Daiga Kamerādea und Brendan Burchell in einem deutschsprachigen Blogartikel über die Studie.

Die Studie zeigt, dass es schwer zu beziffern ist, welchen Raum Arbeit hinsichtlich sozialer Vorteile in unserem Leben einnehmen sollte. Die Behauptung, dass eine bestimmte Arbeitszeit den Idealzustand darstellt, ist also kaum haltbar. Zu individuell sind die Faktoren, die auf das optimale Arbeitspensum einwirken. Die britische Studie belegt aber, dass eine höhere Arbeitszeit als acht Wochenstunden nicht zu einer höheren Lebenszufriedenheit und einer besseren psychischen Gesundheit führt. Sie belegt außerdem, dass für Arbeitssuchende schon ein geringer Arbeitsumfang große positive Effekte haben kann. »Unsere Studie zeigt, dass das Risiko der befragten Personen, psychische Gesundheitsprobleme zu entwickeln, um durchschnittlich 30 % reduziert wurde, wenn sie nach Arbeitslosigkeit oder Karenz zu einer Erwerbstätigkeit von acht Stunden bezahlter Arbeit pro Woche oder weniger übergingen«, schreiben die Autor:innen. Sie leiten daraus eine klare Handlungsaufforderung für unsere Gesellschaft ab: Die Arbeitszeit muss neu verteilt werden.

Unsere Bestimmung, für andere da zu sein

Es ist eigentlich unmöglich, ein perfektes Zeitmodell für alle zu finden – dies hat bereits das vorige Kapitel gezeigt. Das liegt auch daran, dass in unterschiedlichen Lebensphasen unterschiedlich viel Arbeit möglich und sinnvoll ist. Eine individuell gestaltete Arbeitszeitreduzierung könnte helfen, die Belastungen durch den Beruf zu mindern und Raum für andere Dinge zu schaffen. Zu dieser Gestaltung gehört aber auch, dass es Lebensphasen gibt, in denen es überhaupt keinen Raum gibt, um berufstätig zu sein. Manchmal entstehen Situationen, in denen wir woanders gebraucht werden.

Mir ist es wichtig, ein Buch zu schreiben, das nicht nur davon handelt, wie wir individuell mehr Zeit für uns selbst gewinnen, sondern auch mehr Zeit haben, um uns anderen Menschen zu widmen. Zeitwohlstand bedeute, unsere Lebenszeit mit den Dingen und zugleich mit den Menschen verbringen zu können, die uns wichtig sind, schreibt Jürgen P. Rinderspacher. Wer die Zeit hat, sie sinnvoll für sich und die Gemeinschaft zu nutzen, sei ein reicher Mensch. Das sei aber nur möglich, wenn die gesellschaftlichen Rahmenbedingungen entsprechend gestaltet seien. Wie aber müssen diese Bedingungen sein, damit wir als Individuen genügend Zeit haben für die Menschen, die uns viel bedeuten? Es gibt Situationen, in denen es besonders darauf ankommt, dass wir für andere da sein können – oder andere für uns. In denen wir für andere sorgen müssen oder Unterstützung brauchen. Oder beides: Weil wir für andere sorgen, müssen wir vielleicht eine Zeit lang unsere Arbeitszeit reduzieren oder den Job aussetzen. Wer fängt uns auf, während wir andere auffangen?

Als ich mich vor wenigen Jahren entschieden habe, eine feste Vollzeitstelle abzulehnen, stieß ich damit auf viel Unverständnis in meinem beruflichen Umfeld. Ich war noch relativ neu im Beruf des Journalisten, hatte mich gerade zum Redakteur ausbilden lassen und wusste natürlich, dass der Arbeitsmarkt in dieser Branche umkämpft ist. Stellen werden abgebaut, die Tarifbindung wird aufgehoben – und nun lehnte ich eine nach Tarifvertrag bezahlte Stelle ab. Doch ich wusste, was ich tat. Mein Arbeitsort wäre nicht mein Wohnort gewesen. Arbeit im Homeoffice war aus mir damals schon unerklärlichen Gründen nicht möglich. Also hätte ich pendeln müssen, 30 Minuten pro Weg. Fünf Tage in der Woche wäre ich von 9.30 Uhr bis min-

destens 18.30 Uhr nicht zu Hause gewesen. Da wir unser erstes Kind erwarteten, wollte ich das nicht. Meine Eltern rieten
mir zwar, meine Pläne, die Festanstellung gegen eine finanziell
unsichere Selbstständigkeit einzutauschen, auf Eis zu legen.
Schließlich sollte die finanzielle Sicherheit an erster Stelle stehen – für mich als Ernährer der Familie. Doch ich entschied
mich anders als meine Eltern, die einer Generation angehörten,
in der Familie bedeutete: Die Mutter ist beim Kind, der Vater
bei der Arbeit.

An diesem Familienbild hat sich in der Realität leider nicht
viel verändert. Ich sah mich gezwungen, meinem Arbeitgeber
zu erklären, dass ich mich von Anfang an stärker in der Familie engagieren wollte als von Vätern noch immer üblicherweise
erwartet. Als Reaktion darauf hieß es, dass ich als Vater in der
ersten Zeit doch ohnehin kaum etwas ausrichten könne. Wenig
später – ich war inzwischen Freiberufler und konnte zeitsouverän arbeiten – wurde meine Tochter geboren. Sie kam mit
einem schweren Herzfehler und einer Behinderung zur Welt.
Sie musste nach der Geburt lange in der Kinderklinik bleiben,
ehe sie stark genug war, um mit uns zu Hause zu leben. Wir
mussten sie weiter über eine Magensonde ernähren und akri-
bisch kontrollieren, wie viel sie trank und wie sich ihr Gewicht
entwickelte. Nachts blieb ich manchmal lange auf, weil sich
das Einschlafen nicht lohnte, bis die nächste Milchportion fäl-
lig war. In dieser Zeit folgten zahlreiche Termine in ärztlichen
Praxen und Kliniken, schließlich die Operation, eine längere
Rehabilitation und Nachsorge. Das alles erstreckte sich über
fast ein Jahr. Es gab keinen wichtigen Termin, den ich verpass-
te. Kein Gespräch, an dem ich nicht teilnahm. Ich wusste über
alles Bescheid, was meine Tochter betraf. Ich fühlte mich sicher
in meiner Rolle als Vater. Ich konnte nichts ausrichten? Nie
zuvor in meinem Leben hatte ich so sehr das Gefühl, etwas

ausrichten zu können. Das alles wäre anders gewesen, hätte ich, wie andere Väter, einem festen Vollzeitjob nachgehen müssen. Vieles von dem notwendigen Wissen, den intensiven Erfahrungen, der Sicherheit in meiner Elternrolle und natürlich der frühen Bindung zu meiner Tochter wäre mir entgangen, hätte ich die mir angebotene Stelle angenommen. Ich wäre nicht dort gewesen, wo ich gebraucht wurde. Doch so konnte ich der Vater sein, der ich sein wollte.

Natürlich war diese Situation außergewöhnlich. Doch sie hat mir die Augen dafür geöffnet, dass es Lebensphasen gibt, in denen der gewohnte, vom Beruf geprägte Alltag ins Wanken gerät, weil anderes plötzlich wichtiger wird. Ich habe diese Zeit nicht als schwer in Erinnerung, sondern als eine glückliche, weil es wirklich um etwas ging: Unsere Tochter musste gesund werden. In dem Haus in der Nähe der Klinik, in dem wir während der Operationszeit untergebracht waren, trafen wir auf andere Eltern, die auch nur diesen einen Wunsch hatten: ein gesundes Kind. Wir waren knapp drei Wochen dort, andere blieben viel länger. Mit einigen kamen wir immer wieder ins Gespräch, redeten über die Kinder und darüber, was uns hergeführt hatte, über Milchpumpen und Magensonden, über fürsorgliches, aber auch überfordertes Klinikpersonal und über die Heimatstädte, in denen unser Leben gerade nicht stattfand. Wir trafen auf Eltern, die seit Wochen da waren und deren Kinder in ihrem Leben noch kein Tageslicht gesehen hatten. Trotz der Schicksale sah ich eines nie: Verzweiflung. Die Mütter und Väter, zum Teil auch die Großeltern, mit denen ich sprach, waren niemals resigniert. Ich sah keine Tränen, keine leeren Gesichter. Das Haus, voll mit Eltern, die um das Leben ihrer Kinder bangten, war ein Ort, an dem Menschen offensichtlich zu ihrer Bestimmung fanden: für andere da zu sein.

Fürsorge ist unbezahlbar

Viele Menschen suchen Herausforderungen oder unternehmen gezielt irgendwelche Abenteuer. Warum? Weil wir Menschen dafür geschaffen sind, Herausforderungen zu bestehen, Ängste zu überwinden, widerständig gegenüber schwierigen Situationen zu sein und über uns hinauszuwachsen. Oft sehen wir dann erst, wozu wir imstande sind und dass etwas, was anfangs wie ein Problem aussah, uns letztlich bereichert hat. Das gerät allerdings aus dem Blick, wenn wir unser Leben so sehr auf die Erwerbsarbeit fokussieren, wie wir es heute tun. Während vermutlich niemand auf dem Arbeitsmarkt auf einen weiteren freien Journalisten wartete, wurde ich hier, an der Seite meiner Frau und meiner Tochter, wirklich gebraucht – und zwar nicht als Journalist, sondern als der Mensch, der ich bin.

Natürlich musste diese Lebensphase finanziert werden. Wenn beide Elternteile über einen längeren Zeitraum zu Hause bleiben, geht das nicht ohne erhebliche Einkommensverluste. Zwar gibt es staatliche Unterstützung, die in anderen Sozialsystemen nicht bestehen. Wir profitierten von Pflege-, Kinder-, Eltern- und Arbeitslosengeld, sodass wir uns nicht beschweren konnten. Trotzdem haben diese Sozialleistungen ihre Schwächen: Sie bieten keine echte Sicherheit oder sind mit einem hohen Zeit- und Bürokratieaufwand oder aber mit dem Makel verbunden, sich als finanziell bedürftig zu erkennen zu geben. Ich beantragte für eine kurze Zeit Arbeitslosengeld, das auf den ersten Blick zwölf Monate zu sichern scheint. Doch vom ersten Besuch bei der Arbeitsagentur an war ich unsicher. Mit jedem Meter Richtung Eingang sank mein Selbstvertrauen. Ich fühlte mich wie ein Verlierer, der das Amt als Bittsteller aufsucht. Ich ließ aus meiner Sicht wenig zielführende Fragen über mich ergehen, zum Beispiel, wie ich auf einer vorgegebenen Werteskala meine Fähigkeiten in »Reportage« einschätzte. Ich hatte das Gefühl, dass hier die reine Bürokratie am Werk war, Verwaltung als Selbstzweck, Legitimation durch Verfahren.

Diese Gespräche sollten von nun an regelmäßig stattfinden. Jedes Mal hätte ich meine Bewerbungsbemühungen nachzuweisen. Würde ich zwischendurch krank werden, müsste ich das melden, erklärte man mir. Würde ich nicht mehr für eine Vollzeitstelle zur Verfügung stehen, sondern nur für Teilzeit, weil ich meine neugeborene Tochter betreuen wollte, würde mein Geld gekürzt. Würde ich einen Auftrag annehmen und damit auf einen höheren Verdienst als etwa 200 Euro im Monat kommen, würde mein Geld ebenfalls sofort gekürzt werden. Um das volle Arbeitslosengeld zu bekommen, ist es daher besser, nicht zu arbeiten. All das ertrug ich nicht lange. Schon den zweiten Besuch im Amt nahm ich nicht mehr wahr. Rechtzeitig vorher erklärte ich, dass ich nicht mehr auf das Geld angewiesen sei. Der Verlust des Arbeitslosengeldes war eine Befreiung. Ich war jetzt kein Arbeitsloser mehr, sondern wieder der selbstbestimmte, freiberufliche Journalist. Glücklicherweise bekam ich kurz darauf die Gelegenheit, eine Tätigkeit auszuüben, die mir Spaß machte und nicht mit Pendeln verbunden war. Andere Arbeitslose haben solche Gelegenheiten nicht. Der Vollständigkeit halber: Den Bemühungen des Arbeitsamtes hatte ich den Job nicht zu verdanken. Was auch zur Vollständigkeit gehört: dass es auch noch Arbeitslosengeld II gibt, Hartz IV, und die Kontrollmechanismen und das soziale Stigma dort noch deutlich intensiver wirken. Wer diese Situation als *soziale Hängematte* bezeichnet, hat sie vermutlich niemals selbst erlebt. Arbeitslosengeld ist zwar Geld, aber ein anderes Geld. Es liegt schwer in der Hand, es fühlt sich nicht echt an, es ist toxisch. Also arbeiten wir, um nicht dieses vergiftete Geld vom Staat bekommen zu müssen.

Das Elterngeld wiederum fühlt sich noch einmal anders an. Es hat ebenfalls den Zweck, eine längere Phase zu finanzieren, in der man nicht arbeiten kann. Ähnlich wie beim Arbeitslosengeld erhalten Bezieher:innen etwa zwei Drittel des früheren Nettoeinkommens. Für Gutverdienende ist das ein guter Deal. Doch für Familien ohne hohes Einkommen wird das schnell problematisch. Es greifen die üblichen Mechanismen: Ein Kind belastet die Familie erst einmal zusätzlich in finanzieller Hinsicht. Das Kindergeld in Höhe von 219 Euro pro Monat reicht nicht, um einen Kinderwagen, ein Bett, vielleicht einen Autositz und die sonstigen Dinge zur Grundversorgung zu bezahlen. Gleichzeitig geht während des Elterngeldbezugs reguläres Einkommen verloren. Das führt dazu, dass der in der Regel besserverdienende Mann seine Arbeitszeit nach der Geburt eines Kindes oft nicht reduziert, sondern sogar erhöht. Wie die Untersuchungen des Soziologen Martin Schröder zeigen, sind viele Eltern mit diesem Vorgehen durchaus zufrieden. Seine Erkenntnis, die er den umfangreichen Daten des Soziooekonomischen Panels entnehmen konnte: Die durchschnittliche Lebenszufriedenheit von Männern und insbesondere von Vätern nimmt zu, je länger sie arbeiten – bis hin zur 50-Stunden-Woche. Ich konnte das nicht recht glauben und schrieb Schröder eine E-Mail. Er antwortete mir, dass in verschiedenen Ländern weltweit Väter zufrieden seien, wenn sie länger arbeiteten, Mütter jedoch nicht.

Meine These lautet, dass diese Zufriedenheit auch daher rührt, dass es ein Gefühl von Sicherheit und Stabilität schafft, wenn sich Eltern in eine gesellschaftlich vorgefertigte Rollenverteilung einfügen können und nicht erst mühsam eine eigene Form des Elternseins finden und dafür gegen möglicherweise erhebliche Widerstände ankämpfen müssen. Auch Schröder schreibt: »Die Norm, dass ein Mann im Arbeitsleben stehen und mehr verdienen sollte, ist vielleicht stärker in uns verankert, als wir denken. So geht es uns schlecht, wenn wir dagegen verstoßen, selbst wenn wir uns für besonders fortschrittlich halten.« Der Grund dafür, dass viele Väter nicht oder nur kurz in Elternzeit gehen und oft ihre Arbeitszeit langfristig hoch ist oder sich sogar erhöht, hängt nicht nur mit dem vermeintlichen Unwillen des Vaters zusammen, sich an der Familienarbeit zu beteiligen. Wie ich aus eigener Erfahrung weiß, ist es in unserer Gesellschaft sehr schwer, seine Rolle als Vater zu finden, der arbeiten *und* Kinder betreuen will.

Eltern steht insgesamt zwölf Monate Elterngeld zu. Wenn beide in Elternzeit gehen, besteht Anspruch auf insgesamt 14 Monate. Die beiden zusätzlichen Monate werden manchmal auch als Partnermonate bezeichnet. Mit dieser Variante schöpfen Familien den staatlichen Zuschuss am besten aus. Der Großteil der Väter geht nicht über diese beiden Partnermonate hinaus. Knapp drei von vier Vätern, die 2020 in Elternzeit gingen, bezogen zwei Monate Elterngeld. Im Durchschnitt bezogen Väter 3,7 Monate Elterngeld.

In einer Untersuchung, die das Meinungsforschungsinstitut Yougov für die Karriereplattform Linkedin durchgeführt hat, wurden mehr als 1.000 Mütter und Väter gefragt, woraus sich diese Ungleichverteilung beim Elterngeldbezug ergibt. Da sind zum einen finanzielle Gründe: Die Tatsache, dass der Mann mehr verdient, sehen 6 % der Mütter und 53 % der Väter als Grund für die ungleiche Verteilung. Auch die Elternrolle ist relevant: Dass Frauen ein stärkeres Bedürfnis haben, bei ihrem Kind zu bleiben, nannten 54 % der Mütter und 41 % der Väter als Ursache der Ungleichverteilung. Außerdem fanden jeweils rund ein Drittel der Väter und der Mütter, dass es für die Betreuung besser sei, wenn die Mutter zu Hause bleibe. Ausschlaggebend ist aber auch die Familienfreundlichkeit eines

Unternehmens: Für Männer sei es schwieriger, Arbeitgeber:innen gegenüber für eine längere Elternzeit zu argumentieren, erklärten 30 % der Väter und 31 % der Mütter. Bei Männern spielt die Angst vor beruflichen Nachteilen also eine große Rolle bei der Entscheidung, wie lange sie in Elternzeit gehen. Frauen berichteten von einem größeren Verständnis für längere Elternzeiten in der eigenen Firma als Männer. Werden Väter aber ermutigt, nach der Geburt länger zu pausieren, dürften die Sorgen deutlich geringer ausfallen. Von den Befragten wünschten sich 78 %, dass Unternehmen aktiver bei der Vereinbarkeit von Beruf und Familie werden, also etwa flexible Arbeitszeitmodelle oder mobile Arbeitsmöglichkeiten anbieten. Nicht einmal die Hälfte der Befragten bewertete das eigene Unternehmen als familienfreundlich. Wer Väter vorschnell in alten Rollenbildern verhaftet sieht, sollte das vor Augen haben.

Unser Lebenslauf braucht Pausen

Die Beispiele Arbeitslosengeld und Elterngeld zeigen, dass der Sozialstaat Leistungen anbietet, um Phasen finanziell abzusichern, in denen wir nicht oder nur wenig arbeiten können. Doch dieses Sozialsystem ist auch eines der Angst. Da ist die vollkommen berechtigte Angst, im Arbeitslosensystem hängen zu bleiben und keinen neuen, sicheren Job zu finden. Hinzu kommt die damit verbundene Angst vor sozialer Benachteiligung, Stigmatisierung und staatlicher Überwachung. Die Angst, nicht genügend Geld zur Verfügung zu haben und später in Altersarmut zu geraten. Die Angst, für die eigenen Entscheidungen – den persönlichen Lebensentwurf – von Vorgesetzten, von Kolleg:innen, von der Gesellschaft nicht akzeptiert zu werden.

Doch es gibt Sozialmodelle, die diesen Ängsten begegnen, echte Sicherheiten und Freiheiten bieten und dem Umstand Rechnung tragen, dass Fürsorgearbeit auch Arbeit ist und es im Leben noch andere Dinge zu tun gibt als Gelderwerb. Ein solches Modell ist das sogenannte *Optionszeitenmodell*, das eine Forschungsgruppe des Deutschen Jugendinstituts und der Universität Bremen entwickelt hat. Die Wissenschaftler:innen sprechen auch von einem *atmenden Lebenslauf*. Bisher gelten Lücken im Lebenslauf meist als erklärungsbedürftig. Auf die Ausbildung folgt in der Regel eine Vollzeittätigkeit, die bei Männern ein Leben lang beibehalten wird und bei vielen Frauen, unterbrochen durch die Geburt eines Kindes, häufig zu einer dauerhaften Teilzeittätigkeit führt. Am Ende des Arbeitslebens beginnt als letzter Lebensabschnitt die Rentenzeit. In der Soziologie wird das auch als *Normalbiografie* oder *institutionalisierter Lebenslauf* bezeichnet. Die Normalbiografie wurde in der industriellen Gesellschaft für den typisch männlichen Lebenslauf konstruiert. Diese Phase wird manchmal auch als *Fordismus* bezeichnet, in Anlehnung an die beim Autohersteller Ford erstmals konsequent umgesetzte industrielle Massenproduktion. Bis Mitte der 1970er-Jahre dominierte diese Form der Arbeitsorganisation die Gesellschaft. Männer arbeiteten Vollzeit, Frauen wurden nach der üblichen Heirat in der Regel Hausfrauen. Die daraus resultierende traditionelle Form der Arbeitsteilung besteht heute weiter fort und ignoriert, dass sich die Geschlechter-, Arbeits- und Familienverhältnisse so verändert haben, dass sie in diesem Sozialmodell nicht mehr zusammenpassen.

Das Optionszeitenmodell entzerrt den durchstrukturierten und in erster Linie an der Berufstätigkeit orientierten Lebenslauf und verschafft uns allen ein wenig mehr Luft zum Atmen

– nicht erst im Rentenalter. In einem solchen Modell finden Pausen und Veränderungen einen Platz. Längere Auszeiten können sich bisher nur diejenigen erlauben, die sich das auch finanziell leisten können. In der Regel aber haben Beschäftigte wenig Raum für Betreuungs- und Pflegezeiten, Weiterbildungen und soziales Engagement. Besonders für Mütter ist das ein Problem, weil Kinderbetreuung, Hausarbeit und Pflege oftmals viel stärker ihnen obliegen als männlichen Partnern.

Im Jahr 2015 stellte die Familiensoziologin Karin Jurczyk das Konzept der atmenden Lebensläufe bei der Jahrestagung der Deutschen Gesellschaft für Zeitpolitik vor. »Kann unser soziales Leitbild berücksichtigen, dass Menschen nicht nur ihren Lebensunterhalt verdienen, sondern auch andere versorgen wollen oder müssen?«, fragte sie damals. Ihre Antwort: Ja – aber dafür braucht es eine völlige Neuausrichtung unseres Sozialstaats, unserer Geschlechter- und Generationenbeziehungen sowie unserer Lebensverläufe insgesamt. Den Wissenschaftler:innen der Gesellschaft geht es um viel mehr, als nur die Vereinbarkeit verschiedener Lebensbereiche durch neue staatliche Finanzhilfen und Umverteilung zu verbessern. Die atmenden Lebensläufe stehen auch für ein anderes Gesellschaftsbild: weg von der Wettbewerbsgesellschaft, hin zu einer sorgenden Gemeinschaft, in der die Betreuung und die Pflege anderer Menschen viel mehr Anerkennung erfahren. Denn was die Wissenschaftler:innen sehen und beklagen, ist eine Carekrise, die sich im Zuge des demografischen Wandels verschärft. Die Frage ist: Wer kümmert sich um die Kleinen, die Kranken und die Alten, die Unterstützung brauchen? Beschäftigte in Pflege und Kinderbetreuung fehlen. Doch ist es überhaupt richtig und gewünscht, die Betreuung immer stärker auszulagern? Rund 75 % der pflegebedürftigen Menschen werden laut dem Pflegebericht 2019 zu Hause gepflegt. Die meisten

Menschen wollen außerdem zu Hause alt werden und sterben. Dafür braucht es Menschen an ihrer Seite, die sich die Zeit fürs Dasein nehmen können. Und Zeit zu haben bedeutet auch, die soziale und finanzielle Absicherung dafür zu haben. Die Leistungen der Pflegeversicherung decken das bisher nur unzureichend ab. Für die häusliche Pflege von Personen mit dem höchsten Pflegegrad erhalten die Pflegenden gerade einmal rund 900 Euro pro Monat. Zwar gibt es weitere Mittel für ambulante Dienste. Doch die Pflegekräfte, die einmal täglich kurz vorbeischauen, können nur ein Minimum an Unterstützung leisten.

Ein Zeitbudget fürs ganze Leben

Das Optionszeitenmodell sieht vor, dass Menschen ein Zeitbudget von mehreren Jahren erhalten, das sie während ihres Lebens einsetzen können, um Kinder und Pflegebedürftige zu betreuen, sich weiterzubilden oder für sich selbst zu sorgen. Die Idee ist: Wenn wir immer älter werden, länger gesund bleiben und den Rentenbeginn immer weiter nach hinten verlagern, dann gewinnen wir dadurch auch Jahre hinzu. Jahre, die nicht nur für Erwerbsarbeit genutzt werden müssen. So stehen beim Optionszeitenmodell etwa sechs Jahre für Sorgetätigkeiten zur Verfügung, also für Kinderbetreuung, Pflege Angehöriger oder soziales Engagement. Für den Lohnersatz sorgt eine öffentliche Finanzierung. Ein Beispiel: Wer ein Kind bekommt, erhält für dessen Betreuung ein Zeitbudget von drei Jahren. Für jedes weitere Kind erhöht sich das Budget um ein Jahr. Wer zwei Kinder hat, ein Jahr lang für eine pflegebedürftige Person sorgt, und sich außerdem ein Jahr lang sozial engagiert, schöpft das Carezeit-Budget von sechs Jahren voll aus. Wer weniger Sorgearbeit leistet, verfügt über entsprechend weniger Jahre. Wer aber alleinerziehend ist oder mehrere Personen pflegen muss, erhält ein höheres Zeitbudget.

Das Modell der atmenden Lebensläufe sieht daneben bis zu zwei Jahre für Weiterbildung vor. Finanziert wird das durch einen betriebs- und branchenübergreifenden Fonds, der nicht staatlich, sondern von der Wirtschaft finanziert wird. Schließlich ist Weiterbildung kein Selbstzweck, sondern dient den einzelnen Unternehmen. Eine dritte Säule des Modells ist die Selbstsorge. Carezeit bedeutet nicht nur, dass man mehr für andere, sondern auch für sich selbst da sein kann. Jede:r verfügt über ein Budget von einem Jahr, das für eine persönliche Auszeit genutzt werden kann. Dieses Jahr ist zwar eigenfinanziert, aber dadurch, dass die Auszeit im Modell der atmenden Lebensläufe institutionalisiert wird, entfällt die Begründungspflicht (potenziellen) Arbeitgeber:innen gegenüber. Für alle drei Auszeiten gilt: Wer seinen Job nicht ganz unterbrechen möchte, kann auch anteilig auf das Zeitbudget zugreifen. Dadurch verlängert sich der Gesamtzeitraum.

Die Zeitforscher:innen halten dieses Modell nicht für eine Utopie, sondern für ein realistisches sozialpolitisches Konzept. Es orientiert sich grundsätzlich an den bestehenden Strukturen der Arbeitswelt, soll den Menschen aber eine selbstbestimmte Erwerbsbiografie ermöglichen. Daneben soll das Modell Zeit und damit Ressourcen und Freiraum schaffen, die Menschen für Sorgearbeit brauchen. Das Konzept ist kein gesellschaftlicher Gegenentwurf, sondern eine notwendige Anpassung an veränderte Lebens- und Arbeitsrealitäten. Das ist wohl auch ein Grund dafür, dass das Konzept anschlussfähig bei den meisten großen Parteien ist. So gibt es in der SPD schon länger die

Idee, ein persönliches Arbeitszeitkonto für alle Bürger:innen einzurichten, »um mehr Gestaltungsfreiheit im Lebensverlauf zu ermöglichen«. Auf ein solches Konto sollen Beschäftigte Überstunden einzahlen können. Diese verwandeln sich dann nach den Vorstellungen der Partei in ein Zeitguthaben, das per Tarifvertrag oder durch den Staat weiter aufgestockt werden kann. Diese Idee fand bei der Bundestagswahl 2021 Eingang ins Wahlprogramm der Sozialdemokraten. CDU und CSU warben mit einer ähnlichen Idee: Mit dem »Familienzeitkonto« sollen nach den Plänen der Union Eltern ihre Arbeitszeit im Lebensverlauf flexibler gestalten können. Die Grünen haben das Konzept »Kinderzeit Plus« entwickelt, das es Eltern ermöglichen soll, auch nach dem ersten Geburtstag des Kindes die Arbeitszeit zu reduzieren. Daneben gibt es noch das Konzept »Pflegezeit Plus«, das eine Lohnersatzleistung für Pflegepersonen bietet. Die FDP möchte »Freiraumkonten« einführen, die den Menschen ermöglichen, selbst zu bestimmen, wann sie eine Auszeit vom Beruf nehmen möchten. Auch die Linke vertritt den Anspruch, gesellschaftliche Teilbereiche nicht isoliert, sondern in ihren Zusammenhängen zu denken. Die Partei fordert unter anderem eine reguläre Wochenarbeitszeit von etwa 30 Stunden bei vollem Lohnausgleich. Dieses parteiübergreifende Engagement für mehr freie Zeiträume, das insbesondere auf mehr Geschlechtergerechtigkeit abzielt, erfährt starken Gegenwind aus dem rechten Spektrum. Die antifeministisch eingestellte AfD möchte die traditionelle Familie »aus Vater, Mutter und Kindern« stärken und traditionelle Lebensentwürfe erhalten.

Innerhalb der demokratischen Parteien zeigt sich aber Gestaltungswille beim Thema Optionszeiten. Und auch im wissenschaftlichen und öffentlichen Diskurs gibt es verschiedene Ideen. So schlägt die Publizistin Eva Corino zum Beispiel das *Nacheinander-Prinzip* vor, das flexiblere Lebensläufe zulassen soll. Ihr ist ein zentrales Anliegen, die sogenannte *Rushhour des Lebens* zu beruhigen. In dieser Phase sollten sich junge Eltern – nach einer guten Ausbildung und einem gelungenen Berufseinstieg – stärker auf die Familienarbeit konzentrieren können, um anschließend wieder kraftvoll in den Beruf zurückzukehren. Auch Corino argumentiert, dass die höhere Lebenserwartung und der spätere Renteneintritt vieles verändern und neue Gestaltungsräume eröffnen. Ein Lebenslauf könnte in Zukunft dann vielleicht so aussehen: Schule, Ausbildung, Berufseinstieg, Eltern-Carezeit, Wiedereinstieg in den Beruf, Auszeit für soziales Engagement, Weiterbildung, zweite Elternzeit, Rückkehr in den Beruf, Weiterbildung, Zeit für die Pflege eines Angehörigen, Zeit für Selbstfürsorge, ehrenamtliches Engagement. Bis ein solches Modell Realität wird, ist es noch ein weiter Weg. Doch es birgt das Potenzial, eine Gesellschaft kollektiv durchatmen zu lassen. Egal für welche Zwecke – alle hätten die Möglichkeit, sich eine oder mehrere Auszeiten im Leben zu nehmen. Ohne schlechtes Gewissen. Ohne Angst.

Ein vollkommen anderes Modell, das aber ähnlich motiviert ist, ist das bedingungslose Grundeinkommen. In Deutschland setzt sich zum Beispiel der Verein »Mein Grundeinkommen« dafür ein, dass allen Menschen ein monatlicher Beitrag von mindestens 1.000 Euro ausgezahlt wird. Dieses Modell wird häufig missverstanden als Einladung zur Faulenzerei. Anhand dieses Verständnisses wird einmal mehr deutlich, wie abschätzig unsere Gesellschaft auf Ineffizienz und Unproduktivität blickt. *Bloß nicht nichts tun!* Doch dazu ist das Grundeinkommen auch nicht gedacht. Es soll, genau wie der atmende Lebenslauf, Sorgen und Ängste nehmen, Sicherheiten bieten und einen Raum abseits der Erwerbsarbeit öffnen. Das wäre der Einstieg in einen Systemwechsel: Seit Jahren wird das Arbeitslosengeld II, das

2005 aus der bisherigen Arbeitslosenhilfe und der Sozialhilfe hervorgegangen ist, nur *Hartz IV* genannt. Der Begriff steht für ein bürokratisches System, das Menschen zu vermeintlich sozial schwachen Bedürftigen macht, deren Privatleben bis ins Detail durchleuchtet wird, und das am Ende trotzdem zu Armut führt. Ein Grundeinkommen bietet die Chance, das Stigma von Hartz IV und Langzeitarbeitslosigkeit aufzuheben. Dafür müsste es unbürokratisch und an so wenige Bedingungen wie möglich geknüpft sein. Das ist die Kernidee des Grundeinkommens: Aus Empfänger:innen von Sozialleistungen werden mündige Bürger:innen, die unabhängiger von Arbeitseinkommen und streng regulierten Staatshilfen werden. Zwar sollte niemand ein solches Modell als Alternative zum Erwerbseinkommen begreifen – jedenfalls nicht bei einem monatlichen Betrag von 1.000 Euro. Doch ein Grundeinkommen sorgt für Stabilität. Gerade dann, wenn es zu Brüchen in der Biografie kommt, bietet es eine finanzielle Grundsicherung für alle, ganz ohne bürokratische und soziale Hürden. Dieser Wunsch nach Sicherheit wird in einer sich rasant verändernden Arbeitswelt nicht abnehmen.

Außerdem würde das Grundeinkommen den Einstieg in die Finanzierung von Carearbeit bedeuten. Diese Arbeit ist oft unsichtbar für diejenigen, die sie nicht ausüben. Geleistet wird sie zum Beispiel von der Schwiegertochter, die zu Hause als Altenpflegerin einspringt. Oder von der Mutter, die in Teilzeit wechselt, um die Kinder zu betreuen und sich um den Haushalt zu kümmern. Die Coronazeit hat nicht nur verdeutlicht, dass Frauen diejenigen sind, die vorwiegend in den sogenannten *systemrelevanten Berufen* arbeiten. Auch Carearbeit wird mehrheitlich von Frauen geleistet. So hat die Organisation Oxfam berechnet, dass Mädchen und Frauen weltweit täglich mehr als zwölf Milliarden Stunden unbezahlte Haus-, Pflege- und Fürsorgearbeit verrichten. Dies dringt zum Glück immer stärker ins öffentliche Bewusstsein. Die Einführung eines Grundeinkommens könnte zu einem neuen Verständnis von Arbeit beitragen. Denn diese trägt nicht nur unmittelbar zur wirtschaftlichen Wertschöpfung bei. Wenn sie nicht verstanden wird als jene Tätigkeit, die sich an Wachstum und Profit ausrichtet, sondern an menschlichen Bedürfnissen, verändert sich der Charakter unserer Gesellschaft. Ein Optionszeitenmodell und ein Grundeinkommensmodell könnten somit den Weg weisen zu einer Gesellschaft, die Pflege, Betreuung, aber auch Weiterbildung, soziales Engagement und andere Auszeiten finanziell absichert und damit aufwertet. Die Modelle würden den Weg von einer individualistischen Markt- und Wettbewerbsgesellschaft zu einer sorgenden Gemeinschaft weisen.

Wer Zeit schenkt, gewinnt Zeit

Wie wichtig es ist, Zeit für andere und mit anderen zu haben, und wie schmerzhaft es ist, wenn diese Zeit fehlt, hat die Coronapandemie uns allen vor Augen geführt. Die soziale Einbindung im Beruf ging verloren, weil Beschäftigte nicht mehr arbeiten konnten oder isoliert im Homeoffice saßen. Familienangehörige konnten sich nicht besuchen, Bewohner:innen von Pflegeheimen blieben allein. Im Sommer 2021 ist unsere Gesellschaft nach wie vor gezeichnet von der Pandemie. Menschen haben geliebte Angehörige verloren, viele an Covid-19 Erkrankte leiden noch unter den Spätfolgen des Virus. Die psychischen Folgen, vor allem bei Kindern und Jugendlichen, werden immer sichtbarer. Die quälend langen Pandemiemonate im

Lockdown, die hinter uns liegen, haben nicht nur die Schwachstellen unserer Gesellschaft schonungslos offengelegt. Wir sind uns auch unserer eigenen Verletzlichkeit wohl bewusster denn je geworden.

Das gilt für unser Immunsystem, das sich diesem neuen Virus mit aller Kraft, aber letztlich für viele ohne Erfolg entgegenstellte. Es gilt aber auch für das psychische Abwehrsystem. Viele Menschen sind an die Grenzen ihrer Widerstandsfähigkeit gelangt. Gegen das Virus gibt es mittlerweile ein wirksames Mittel. Die reicheren Länder des Globalen Nordens hatten das Glück – oder vielmehr: die nötigen Ressourcen –, um ihre Bevölkerungen durchimpfen zu können. In Deutschland hatte Anfang Juni etwa die Hälfte der Bevölkerung eine erste Impfdosis erhalten. Die Zahl der Infektionen ging zurück. Nach und nach konnten die Einschränkungen aufgehoben werden, was die Rückkehr in einen lang vermissten freiheitlichen Alltag ermöglichte. Ich spürte in dieser Zeit eine enorme Erleichterung darüber. Doch unbeschwert fühlte ich mich nicht, und ich spürte zu dieser Zeit auch keine Unbeschwertheit innerhalb der Gesellschaft. Zu sehr steckte uns das alles noch in den Knochen. Zu ungewiss war, wie die Pandemie weiter verlaufen würde. Zu gut hatten wir den Abstand und die Isolation eingeübt. Kontakt, Nähe, Feiern – all das, was uns Menschen davor zusammenbrachte, war uns nun suspekt geworden. Die Pandemie war eine Zeit des Alleinseins, die in vielen Fällen eine schmerzhafte Einsamkeit bedeutete.

Einsamkeit beschreibt das zutiefst unangenehme Gefühl, dass die gepflegten sozialen Beziehungen und der persönliche Austausch mit anderen Menschen nicht den eigenen Bedürfnissen nach Zugehörigkeit und Geborgenheit entsprechen. Menschen, die sich nach Gesprächen, Erlebnissen und geteilter Gegenwart mit anderen sehnen, haben sicher oft mehr

Zeit, als ihnen lieb ist. Sie kommen von der Arbeit nach Hause – doch dort ist niemand. Es ist Wochenende – aber sie bleiben allein. Ich denke, kaum jemand wird sie um diese freie Zeit beneiden. »Die Zeit der Einsamen ist nur Mangel an gemeinsam verbrachter, an geteilter Zeit«, schreibt Helga Nowotny in »Eigenzeit«. Während der Pandemie, als viele Menschen allein in ihren Wohnungen festsaßen, habe ich mit meiner Kollegin Lara Malberger bei Perspective Daily einen Artikel über das Thema Einsamkeit veröffentlicht. Vorab hatten wir mit einigen unserer Mitglieder gesprochen, die sich einsam fühlten. Manche haben uns E-Mails geschickt, die dann in den Artikel eingeflossen sind. Eine junge Frau schrieb uns: »Einsamkeit ist für mich wie ein unerreichbares Verlangen nach Gemeinsamkeit, das sich nicht stillen lässt. Vielleicht ein bisschen vergleichbar mit brennendem Heimweh.« Ich finde diesen Vergleich mehr als passend. Ein anderes Gespräch, das ich während der Recherche führte, hat mir gezeigt, dass viele Einsame die Schuld für ihre Einsamkeit bei sich selbst suchen und sich dafür schämen. Sie fragen sich: *Stimmt etwas nicht mit mir? Muss ich mich und mein Leben ändern?* Weil nahezu niemand offen über Einsamkeitsgefühle spricht, sind sie ein Tabuthema. Einsamkeit wirkt für Betroffene, als wären sie die Einzigen, denen sie widerfährt. Doch sie sind keine Ausnahme. Einer von zehn Menschen in Deutschland ist laut den Befragungen des Sozio-oekonomischen Panels einsam – Millionen Einsame, die sich wie Einzelne vorkommen.

Zeit allein kann eine wertvolle Erfahrung sein. Es kommt vor, dass ich allein und sehr froh darüber bin. Oft ermüdet es mich, wenn zu oft, zu lange, zu viele Menschen um mich herum sind. Wenn es sich dabei um Menschen handelt, mit denen ich mich nicht verbunden fühle, fühle ich mich einsam. Dann ziehe ich mich zurück und suche die Stille, die für mich eine andere, willkommene Form der Einsamkeit darstellt, die viele Menschen suchen. Sie finden sie auf Reisen, in der Natur, auf Pilgerwegen. Ich gehe manchmal allein ins Kino, ins Museum oder zu einem Konzert. Vielleicht halten mich manche dann für einen einsamen Menschen. Doch es ist eine Einsamkeit, die ich bewusst suche, um einmal nicht mit anderen im direkten Austausch zu stehen und mich stattdessen für etwas anderes zu öffnen. Ich halte das für eine elementare menschliche Erfahrung, die uns auf uns selbst zurückwirft.

Die unerwünschte, schmerzliche Einsamkeit kommt dann, wenn uns keine Erfahrungen mehr auf uns selbst zurückwerfen können, weil wir schon ständig nur bei uns sind – und uns danach sehnen, dass andere uns aus der unfreiwilligen Isolation befreien. So sehr ich die Stille, den Rückzug, das Alleinsein, die gute Einsamkeit brauche, so sehr bin ich auch ein soziales Wesen. Wäre ich ständig allein, müsste ich immer nur aus mir heraus leben, isoliert von anderen, ohne stabiles soziales Umfeld. Dies wäre eine Form von Einsamkeit, die mich auf Dauer mit hoher Wahrscheinlichkeit in eine schwere Depression führen würde. Vielleicht hätte ich Menschen um mich, in meinem Wohnhaus, bei der Arbeit oder in meinem Stadtviertel. Überall wären Menschen. Doch ohne eine Bindung zu ihnen wären sie nicht mehr als ein Rauschen, das mich umgibt. »Mit anderen Menschen zusammen zu sein, bedeutet nicht, dass wir uns mit ihnen verbunden fühlen«, war die Überzeugung des US-amerikanischen Neurobiologen John Cacioppo. Der 2018 verstorbene Forscher hat sich jahrelang mit Einsamkeit auseinandergesetzt. Er beschrieb sie als eine subjektiv empfundene soziale Isolation, die dann eintrete, wenn wir uns mehr starke soziale Beziehungen wünschen, als wir tatsächlich haben. Es handelt sich bei der Einsamkeit um eine individuelle Erfahrung, die sich kaum mit einer Definition generalisieren lässt.

Doch auch wenn jede Lebensgeschichte einzigartig ist, empfinden viele Menschen ihre Einsamkeit sehr ähnlich. Cacioppo vergleicht das Gefühl mit Schmerz oder Hunger – als Signal dafür, dass etwas nicht stimmt und wir etwas dagegen unternehmen sollten. Es seien tiefe, evolutionär geprägte Bedürfnisse, uns mit anderen Menschen zu umgeben und in eine soziale Gemeinschaft eingebunden zu sein, so Cacioppo.

Einige Monate, nachdem der Artikel über Einsamkeit erschienen war, recherchierte ich für einen Artikel zum Thema Zeitdruck in der Arbeitswelt. Dabei machte ich eine Erkenntnis, die mir die Augen dafür öffnete, wie wichtig es ist, anderen Menschen Zeit zu schenken. Ich erkannte, dass es das falsche Ziel ist, immer nur dafür zu sorgen, mehr Zeit und Freiräume für sich allein zu gewinnen. Ich sprach mit dem Organisationspsychologen Roman Briker. Er erklärte mir nicht nur, dass Zeitdruck zu ernsthaften gesundheitlichen Problemen führen kann, sondern er hatte auch herausgefunden, dass Zeitdruck uns unsozialer macht: Wir konzentrieren uns unter Zeitdruck so sehr auf eine Aufgabe, dass wir weniger sozialen Austausch pflegen. Wir kooperieren weniger, sind nicht hilfsbereit, weniger empathisch und eher bereit, andere zu manipulieren.

Die für mich neue Erkenntnis, die auf den zweiten Blick eigentlich völlig naheliegend ist, war, dass es gerade soziales Verhalten ist, das eine Lösung für den empfundenen Zeitdruck darstellt. »Wer anderen hilft, fühlt weniger Zeitdruck«, erklärte Briker. Er verwies dazu auf eine schon etwas ältere Untersuchung von Forscher:innen der University of California mit dem schönen Titel »Giving time gives you time«. Anderen Zeit zu schenken, gebe Menschen das Gefühl, sie gut genutzt zu haben, heißt es in der Studie. Das trage zum eigenen, aber auch zum Wohlbefinden der anderen bei. Mir fielen sofort Situationen ein – bei der Arbeit, in meinem Privatleben oder auch bei zufälligen Begegnungen: Immer dann, wenn ich etwas für andere tat, wenn ich helfen und unterstützen konnte, geriet für mich völlig aus dem Blick, wie lange das dauerte. Es spielte keine Rolle, weil ich so lange für die anderen da war, wie sie mich brauchten. Der Maßstab, den ich streng an meine selbst geplanten Tätigkeiten anlege und der mich dazu anhält, eine Aufgabe schnell abzuschließen, ist außer Kraft gesetzt, wenn ich meine Zeit für andere investiere. Aus ökonomischer Sicht kostet es Zeit, anderen zu helfen. Tatsächlich aber verschwindet genau dann das Gefühl von Zeitknappheit.

Auf diese Weise können wir es also unmittelbar zu Zeitwohlstand bringen. Wenn wir für andere da sind, erleben wir den größten Luxus, den es gibt: das Gefühl, dass Zeit keine Rolle spielt. »Make me wonder where the time went«, singt die britische Sängerin Elena Tonra auf ihrem Soloalbum »Ex:Re«. Wenn uns jemand dazu bringt, die Zeit zu vergessen, wenn sie wie im Flug vergeht, dann ist das kein Verlust. Es ist ein großer Gewinn, wenn wir so reich an Zeit sind, dass wir in den Genuss kommen, uns zu fragen, wo die Zeit geblieben ist.

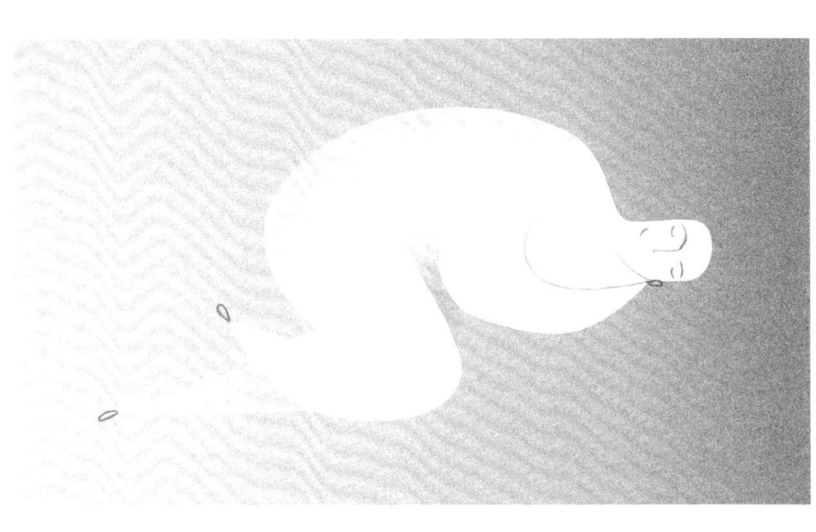

Dank

—

In diesem Buch zitiere ich an mehreren Stellen den Bergsteiger und Autor Erling Kagge. Bei ihm las ich auch diesen Satz: »Jeder, der ein Buch geschrieben hat, weiß etwas, das andere nicht wissen: Die größte Herausforderung besteht nicht darin, das Buch zu schreiben, sondern sich hinzusetzen, die Gedanken zu sammeln und anzufangen.« Diese Erfahrung habe auch ich gemacht. Ich erkannte erst spät, dass das Buch entsteht, bevor überhaupt ein Satz geschrieben ist. Umso wichtiger war es für mich, dass ich nicht allein mit der Idee war, ein Buch über die Zeit zu schreiben – über eines der größten Themen, die ich mir überhaupt vorstellen kann und bei dem alles mit allem zusammenzuhängen scheint. Deshalb möchte ich mich als Erstes bei Han Langeslag bedanken, der an dieses Buch geglaubt hat, noch bevor ich es selbst getan habe, und der alle Voraussetzungen geschaffen hat, damit es erscheinen kann.

Dankbar bin ich auch für die Zusammenarbeit mit meinen Lektorinnen, die mich und dieses Buch bereichert hat. Ariana Zustra hat das Vorhaben von einem frühen Zeitpunkt an begleitet. Ihr danke ich, ebenso wie Elizabeth Neumann, die das Schlusslektorat übernommen hat, für die vertrauensvolle Zusammenarbeit. Darüber hinaus haben viele Kolleg:innen in meinem Team bei Perspective Daily dieses Projekt begleitet, mit organisiert, inhaltliche Anregungen gegeben, Fakten überprüft und manchmal auch emotionale Unterstützung geleistet, was bei einem im Lockdown entstandenen Buch sehr geholfen hat. Danke an Lara Malberger, Maria Stich, Felix Austen, Johannes Bohnet, Doğu Kaya, Katharina Wiegmann, Benjamin Fuchs und Johann Jakob Preuß. Auch den Mitgliedern von Perspective Daily möchte ich danken. Das große und konstante Interesse an den zeitpolitischen und -soziologischen Themen im Verlauf der letzten drei Jahre hat mich ermutigt, meine Artikel zu dem Thema zu bündeln und als Buch auszuarbeiten.

Viele Überlegungen, die ich hier teile, entstanden erst im Dialog. Ich bedanke mich bei allen Gesprächspartner:innen aus der Wissenschaft, der Kultur und der Wirtschaft, die ihre Einsichten mit mir geteilt und mir wertvolle Hinweise gegeben haben. Zum Schluss möchte ich mich bei meinen Freund:innen und meiner Familie für ihre Unterstützung bedanken, vor allem bei Sebastian und Jenni für den ständigen inspirierenden Austausch, bei meinen Eltern und bei meiner Frau Stefanie, die auf allen erdenklichen Wegen dabei geholfen hat, dass dieses Buch entstanden ist.

Ausgewählte Literatur

—

Baird, Julia. *Phosphorescence: A Memoir of Finding Joy When Your World Goes Dark.* New York, Random House 2021.

Blumenberg, Hans. *Lebenszeit und Weltzeit.* Frankfurt am Main, Suhrkamp 1974.

Borscheid, Peter. *Das Tempo-Virus. Eine Kulturgeschichte der Beschleunigung.* Frankfurt am Main, Campus 2004.

Camus, Albert. *Der Mythos des Sisyphos.* Reinbek bei Hamburg, Rowohlt 2007 (1942).

Camus, Albert. *Die Pest.* Reinbek bei Hamburg, Rowohlt 2020 (1947).

Ehrenberg, Alain. *Das erschöpfte Selbst. Depression und Gesellschaft in der Gegenwart.* Frankfurt am Main, Campus 2008 (2004).

Goethe, Johann Wolfgang. *Italienische Reise.* Frankfurt am Main, S. Fischer 2009 (1816).

Herzog, Lisa. *Die Rettung der Arbeit. Ein politischer Aufruf.* München, Hanser 2019.

Kagge, Erling. *Philosophie für Abenteurer.* Berlin, Insel 2020.

Kagge, Erling. *Stille. Ein Wegweiser.* Berlin, Insel 2020 (2017).

Konzeptwerk Neue Ökonomie (Hrsg.). *Zeitwohlstand. Wie wir anders arbeiten, nachhaltig wirtschaften und besser leben.* München, Oekom 2014.

Kundera, Milan. *Die Unwissenheit.* Frankfurt am Main, Fischer Taschenbuch 2002.

Levine, Robert. *Eine Landkarte der Zeit. Wie Kulturen mit Zeit umgehen.* München, Piper 2016 (1999).

Mayr, Anna. *Die Elenden. Warum unsere Gesellschaft Arbeitslose verachtet und sie dennoch braucht.* Berlin, Hanser 2020.

Mercier, Pascal. *Das Gewicht der Worte.* München, Hanser 2020.

Nowotny, Helga. *Eigenzeit. Entstehung und Strukturierung eines Zeitgefühls.* Frankfurt am Main, Suhrkamp 1989 (1987).

Odell, Jenny. *Nichts tun. Die Kunst, sich der Aufmerksamkeitsökonomie zu entziehen.* München, C. H. Beck 2021.

Osterhammel, Jürgen. *Die Verwandlung der Welt. Eine Geschichte des 19. Jahrhunderts.* München, C. H. Beck 2020 (2009).

Reckwitz, Andreas. *Das Ende der Illusionen. Politik, Ökonomie und Kultur in der Spätmoderne.* Berlin, Suhrkamp 2019.

Rheingans, Lasse. *Die 5-Stunden-Revolution. Wer Erfolg will, muss Arbeit neu denken.* Frankfurt am Main, Campus 2019.

Rinderspacher, Jürgen P. *Mehr Zeitwohlstand! Vom besseren Umgang mit einem knappen Gut.* Freiburg, Herder 2017.

Rosa, Hartmut. *Beschleunigung. Die Veränderung der Zeitstrukturen in der Moderne.* Frankfurt am Main, Suhrkamp 2005.

Rosa, Hartmut. *Beschleunigung und Entfremdung. Entwurf einer Kritischen Theorie spätmoderner Zeitlichkeit.* Bonn, Bundeszentrale für politische Bildung 2013.

Rosa, Hartmut. *Resonanz. Eine Soziologie der Weltbeziehung.* Berlin, Suhrkamp 2016.

Rosa, Hartmut. *Unverfügbarkeit.* Wien, Residenz 2018.

Tempest, Kae. *Verbundensein.* Berlin, Suhrkamp 2021.

Urner, Maren. *Schluss mit dem täglichen Weltuntergang. Wie wir uns gegen die digitale Vermüllung unserer Gehirne wehren.* München, Droemer 2019.

Weber, Max. *Die protestantische Ethik und der Geist des Kapitalismus.* Köln, Anaconda 2009 (1904).

Quellen

—

Kapitel 1: Die Suche nach der gewonnenen Zeit

1. Eser, Thomas. *Die älteste Taschenuhr der Welt? Der Henlein-Uhrenstreit.* Nürnberg, Verlag des Germanischen Nationalmuseums 2014.

2. Thompson, Edward P. *Zeit, Arbeitsdisziplin und Industriekapitalismus.* In: Braun, Rudolf (Hrsg.). *Gesellschaft in der industriellen Revolution.* Köln, Kiepenheuer & Witsch 1973. S. 88.

3. Ebd., S. 84.

4. Ebd., S. 89.

5. Goethe, Johann Wolfgang. *Italienische Reise.* Frankfurt am Main, S. Fischer 2009 (1816). S. 354 f.

6. Odell, Jenny. *Nichts tun. Die Kunst, sich der Aufmerksamkeitsökonomie zu entziehen.* München, C. H. Beck 2021. S. 10 f.

7. Borscheid, Peter. *Das Tempo-Virus. Eine Kulturgeschichte der Beschleunigung.* Frankfurt am Main, Campus 2004. S. 30.

8. Ebd., S. 33.

9. Ebd., S. 35.

10. Mumford, Lewis. *Technics and Civilization.* London, Routledge 1934. S. 14.

11. Osterhammel, Jürgen. *Die Verwandlung der Welt. Eine Geschichte des 19. Jahrhunderts.* München, C. H. Beck 2020 (2009). S. 122.

12. Ebd., S. 119.

13. Nowotny, Helga. *Eigenzeit. Entstehung und Strukturierung eines Zeitgefühls.* Frankfurt am Main, Suhrkamp 1989 (1987). S. 7 f.

14. Ebd., S. 9.

15. Weber, Max. *Die protestantische Ethik und der Geist des Kapitalismus.* Köln, Anaconda 2009 (1904). S. 10.

16. Rosa, Hartmut. *Beschleunigung. Die Veränderung der Zeitstrukturen in der Moderne.* Frankfurt am Main, Suhrkamp 2005. S. 93.

17. Weber, Max. *Die protestantische Ethik und der Geist des Kapitalismus.* Köln, Anaconda 2009 (1904). S. 141.

18. Ebd., S. 44.

Kapitel 2: Die Last der Möglichkeiten

1. https://www.bmel.de/SharedDocs/Downloads/DE/Broschueren/ergebnisse-waldzustandserhebung-2020.pdf?

2. https://www.theguardian.com/environment/2021/jul/01/nowhere-is-safe-say-scientists-as-extreme-heat-causes-chaos-in-us-and-canada

3. https://www.destatis.de/DE/Presse/Pressemitteilungen/2021/07/PD21_331_12621.html

4. Kundera, Milan. *Die Unwissenheit*. Frankfurt am Main, S. Fischer 2002. S. 111.

5. Giurge, Laura M./Whillans, Ashley V./West, Colin. *Why time poverty matters for individuals, organisations and nations*. Nature Human Behaviour (4) 2020.

6. Groh-Samberg, Olaf/Büchler, Theresa/Gerlitz, Jean-Yves. *Dokumentation zur Generierung Multidimensionaler Lagen auf Basis des Sozio-Oekonomischen Panel*. Forschungszentrum Ungleichheit und Sozialpolitik 2021.

7. Konzeptwerk Neue Ökonomie (Hrsg.). *Zeitwohlstand. Wie wir anders arbeiten, nachhaltig wirtschaften und besser leben*. München, Oekom 2014. S. 9.

8. Luhmann, Niklas. *Soziale Systeme. Grundriss einer allgemeinen Theorie*. Frankfurt am Main, Suhrkamp 1993 (1984). S. 152.

9. Nowotny, Helga. *Eigenzeit. Entstehung und Strukturierung eines Zeitgefühls*. Frankfurt am Main, Suhrkamp 1989 (1987). S. 14.

10. Ehrenberg, Alain. *Das erschöpfte Selbst. Depression und Gesellschaft in der Gegenwart*. Frankfurt am Main, Campus 2008. S. 8.

11. Ebd., S. 13.

12. Ebd., S. 278.

13. Reckwitz, Andreas. *Das Ende der Illusionen. Politik, Ökonomie und Kultur in der Spätmoderne.* Berlin, Suhrkamp 2019. S. 204.

14. Nowotny, Helga. *Eigenzeit. Entstehung und Strukturierung eines Zeitgefühls.* Frankfurt am Main, Suhrkamp 1989 (1987). S. 138.

15. Rosa, Hartmut. *Unverfügbarkeit.* Wien, Residenz 2018. S. 16 f.

16. Ebd., S. 13.

Kapitel 3: Die Entdeckung des Nichtstuns

1. Gerold, Stefanie/Geiger, Sonja. *Arbeit, Zeitwohlstand und Nachhaltiger Konsum während der Corona-Pandemie.* Arbeitspapier des Fachgebiets Arbeitslehre/Ökonomie und Nachhaltiger Konsum (2) 2020.

2. Rinderspacher, Jürgen P. *Mehr Zeitwohlstand! Vom besseren Umgang mit einem knappen Gut.* Freiburg, Herder 2017. S. 10.

3. Konzeptwerk Neue Ökonomie (Hrsg.). *Zeitwohlstand. Wie wir anders arbeiten, nachhaltig wirtschaften und besser leben.* München, Oekom 2014. S. 9.

4. Geiger, Sonja/Freudenstein, Jan-Philipp/von Jorck, Gerrit/Gerold, Stefanie/Schrader, Ulf. *Time wealth: Measurement, drivers and consequences.* Current research in Ecological and Social Psychology (2) 2021.

5. https://www.bundesgesundheitsministerium.de/coronavirus/chronik-coronavirus.html

6. https://www.rki.de/DE/Content/InfAZ/N/Neuartiges_Coronavirus/Situationsberichte/2020-03-04-de.pdf?

7. Geißler, Karlheinz. *So schnell war Entschleunigung noch nie. Von der Demokratie zur Virokratie in nur vier Wochen.* Deutsche Gesellschaft für Zeitpolitik 2020.

8. Boes, Stefan. *Wie die Pandemie unseren Schlaf verändert.* Perspective Daily (https://perspective-daily.de/article/1652/fnQdSBDy) 2021.

9. DAK. *Gute Vorsätze 2020* (https://www.dak.de/dak/bundesthemen/gute-vorsaetze-2020-2201188.html#/) 2019.

10. Gerstbach, Ingrid. *Der Faktor Zeit in unserem Leben.* LinkedIn (https://www.linkedin.com/pulse/der-faktor-zeit-unserem-leben-ingrid-gerstbach/) 2020.

11. Berger, Lynn. *How we turned into batteries (and the economy forces us to recharge).* The Correspondent (https://thecorrespondent.com/297/how-we-turned-into-batteries-and-the-economy-forces-us-to-recharge) 2020.

12. Boltanski, Luc/Chiapello, Ève. *Die Rolle der Kritik in der Dynamik des Kapitalismus und der normative Wandel.* In: Berliner Journal für Soziologie (4) 2001. S. 469.

13. Reckwitz, Andreas. *Das Ende der Illusionen. Politik, Ökonomie und Kultur in der Spätmoderne.* Berlin, Suhrkamp 2019. S. 213.

14. Ebd., S. 206.

15. Ebd., S. 238.

16. Ebd., S. 207.

17. Deutsche Gesellschaft für Zeitpolitik. *Manifest der Deutschen Gesellschaft für Zeitpolitik* 2005.

Kapitel 4: Wie wir die richtige Geschwindigkeit finden

1. Odell, Jenny. *Nichts tun. Die Kunst, sich der Aufmerksamkeitsökonomie zu entziehen*. München, C. H. Beck 2021. S. 152.

2. Tempest, Kae. *Verbundensein*. Berlin, Suhrkamp 2021. S. 15.

3. Kagge, Erling. *Stille. Ein Wegweiser*. Berlin, Insel 2020 (2017). S. 22.

4. Ebd., S. 24.

5. Baird, Julia. *Phosphorescence: A Memoir of Finding Joy When Your World Goes Dark*. New York, Random House 2021.

6. Baird, Julia. *Why We Need Silence*. Taking Time (https://www.takingti. me/articles/whyweneedsilence) 2021.

7. Mercier, Pascal. *Das Gewicht der Worte*. München, Hanser 2020. S. 103.

8. Kagge, Erling. *Stille. Ein Wegweiser*. Berlin, Insel 2020 (2017). S. 24.

9. Ebd., S. 41.

10. Gien, Anna. *Die Verkuschelung der Welt*. Zeit Online (https://www. zeit.de/2019/11/hygge-wohlfuehlen-entspannung-trend-gelassenheit-lebensgefuehl) 2019.

11. Kornfield, Jack. *Meditation für Anfänger*. München, Arkana 2005. S. 116.

12. Rosa, Hartmut. *Beschleunigung. Die Veränderung der Zeitstrukturen in der Moderne*. Frankfurt am Main, Suhrkamp 2005. S. 135.

13. Camus, Albert. *Die Pest*. Reinbek bei Hamburg, Rowohlt 2020 (1947). S. 34.

14. Camus, Albert. *Der Mythos des Sisyphos*. Reinbek bei Hamburg, Rowohlt 2007 (1942). S. 159.

15. Ebd., S. 82.

16. Odell, Jenny. *Nichts tun. Die Kunst, sich der Aufmerksamkeitsökonomie zu entziehen*. München, C. H. Beck 2021. S. 8.

17. Karwendel. *Blitze im Nichts*. Auf: *Im Lichte der Zeit*. Backseat 2021.

18. Rosa, Hartmut. *Unverfügbarkeit*. Wien, Residenz 2018. S. 119 f.

19. Nowotny, Helga. *Eigenzeit. Entstehung und Strukturierung eines Zeitgefühls*. Frankfurt am Main, Suhrkamp 1989. S. 140.

20. Levine, Robert. *Eine Landkarte der Zeit. Wie Kulturen mit Zeit umgehen*. München, Piper 2016 (1999). S. 38.

21. Ebd., S. 22.

22. Ebd., S. 51.

23. Mercier, Pascal. *Das Gewicht der Worte*. München, Hanser 2020. S. 99.

24. Sharif/Marissa A./Mogilner, Cassie/Hershfield, Hal E. *Having too little or too much time is linked to lower subjective well-being*. Journal of Personality and Social Psychology 2021.

25. Baum, Carla. »*Es war nicht das Virus, das uns angehalten hat*«. Zeit Magazin Online (https://www.zeit.de/zeit-magazin/2020-04/hartmut-rosa-coronavirus-gesellschaft-wirtschaftssystem) 2020.

26. Rosa, Hartmut. *Resonanz. Eine Soziologie der Weltbeziehung*. Berlin, Suhrkamp 2016. S. 24.

27. Goethe, Johann Wolfgang. *Gefunden*. In: *Die Lieblingsgedichte der Deutschen*. München, Piper 2011. S. 89.

28. Frost, Robert. *The Road Not Taken*. The Atlantic (https://www.theatlantic.com/magazine/archive/1915/08/a-group-of-poems/306620/) 2021.

29. Kagge, Erling. *Philosophie für Abenteurer*. Berlin, Insel 2020. S. 17.

30. Odell, Jenny. *Nichts tun. Die Kunst, sich der Aufmerksamkeitsökonomie zu entziehen*. München, C. H. Beck 2021. S. 157.

31. Rosa, Hartmut. *Beschleunigung und Entfremdung. Entwurf einer Kritischen Theorie spätmoderner Zeitlichkeit*. Bonn, Bundeszentrale für politische Bildung 2013. S. 40.

32. Blumenberg, Hans. *Lebenszeit und Weltzeit*. Frankfurt am Main, Suhrkamp 1974. S. 74.

33. Urner, Maren. *Schluss mit dem täglichen Weltuntergang. Wie wir uns gegen die digitale Vermüllung unserer Gehirne wehren*. München, Droemer 2019. S. 128.

34. Nowotny, Helga. *Eigenzeit. Entstehung und Strukturierung eines Zeitgefühls*. Frankfurt am Main, Suhrkamp 1989. S. 136.

Kapitel 5: Was wir gewinnen, wenn wir weniger arbeiten

1. https://www.gesetze-im-internet.de/tzbfg/BJNR196610000.html

2. Mayr, Anna. *Die Elenden. Warum unsere Gesellschaft Arbeitslose verachtet und sie dennoch braucht.* Berlin, Hanser 2020.

3. Fuchs, Benjamin. *»Unsere Gesellschaft braucht Arbeitslose«.* Perspective Daily (https://perspective-daily.de/article/1494/ndgUhmSc) 2020.

4. Fuchs, Benjamin. *Dieser Mann hat Hunderte fiktiver Bewerbungen verschickt. Und eine Antwort erhalten.* Perspective Daily (https://perspective-daily.de/article/830/ilHuQs5W) 2019.

5. https://www.destatis.de/DE/Themen/Arbeit/Arbeitsmarkt/Qualitaet-Arbeit/Dimension-3/woechentliche-arbeitszeitl.html

6. https://www.destatis.de/DE/Themen/Arbeit/Arbeitsmarkt/Glossar/normalarbeitsverhaeltnis.html

7. Mückenberger, Ulrich. *Zeit für ein neues Normalarbeitsverhältnis.* WSI Mitteilungen (2) 2015.

8. https://statistik.arbeitsagentur.de/DE/Statischer-Content/Statistiken/Themen-im-Fokus/Frauen-und-Maenner/generische-Publikationen/Frauen-Maenner-Arbeitsmarkt.pdf?

9. Hobler, Dietmar/Pfahl, Svenja/Mader, Esther. *Pflegende Frauen und Männer 2001–2015.* Wirtschafts- und Sozialwissenschaftliches Institut 2018.

10. https://www.destatis.de/Europa/DE/Publikationen/Bevoelkerung-Arbeit-Soziales/Arbeitsmarkt/broeschuere-arbeitsmark-blick-0010022189004.pdf?

11. https://www.bmfsfj.de/resource/blob/163108/
    ceb1abd3901f50a0dc484d899881a223/familienreport-2020-familie-
    heute-daten-fakten-trends-data.pdf

12. https://www.bmfsfj.de/resource/
    blob/127268/2098ed4343ad836b2f0534146ce59028/vaeterreport-
    2018-data.pdf

13. Ehmke, Kurt. *Radikales Arbeitszeitmodell: Unternehmer führt den
    Fünf-Stunden-Tag ein.* Neue Westfälische (https://www.nw.de/lokal/
    bielefeld/mitte/21996547_Radikales-Arbeitszeitmodell-Unternehmer-
    fuehrt-den-Fuenf-Stunden-Tag-ein.html) 2017.

14. Rheingans, Lasse. *Die 5-Stunden-Revolution. Wer Erfolg will, muss
    Arbeit neu denken.* Frankfurt am Main, Campus 2019. S. 150.

15. Briker, Roman/Walter, Frank/Cole, Michael S. *Hurry up! The role of
    supervisors' time urgency and self-perceived status for autocratic leadership
    and subordinates' well-being.* Personnel Psychology 74 (1) 2020. S.
    55–76.

16. https://www.die-gebaeudedienstleister.de/fileadmin/user_upload/
    Auftraggeber/Broschuere_Leistungskennziffern.pdf

17. Hagelüken, Alexander/Kläsgen, Michael. *Zalando muss
    umstrittenes Personalsystem ändern.* Süddeutsche Zeitung
    (https://www.sueddeutsche.de/wirtschaft/zalando-zonar-
    ueberwachung-1.5259071?) 2021.

18. Staab, Philipp/Geschke Sascha-Christopher. *Ratings als
    arbeitspolitisches Konfliktfeld.* Hans-Böckler-Stiftung 2020.

19. https://corporate.zalando.com/de/newsroom/de/news-storys/ueber-
    zonar

20. Klippenstein, Ken. *Documents show Amazon is aware drivers pee in bottles and even defecate en route, despite company denial.* The Intercept (https://theintercept.com/2021/03/25/amazon-drivers-pee-bottles-union/) 2021.

21. Bovermann, Philipp/Hurtz, Simon/Kläsgen, Michael. *»Ich bin hier ganz allein und besetze Kreuzberg«.* Süddeutsche Zeitung (https://www.sueddeutsche.de/politik/gorillas-lieferando-lieferdienste-lebensmittel-investoren-1.5390049) 2021.

22. https://index-gute-arbeit.dgb.de/++co++07123474-1042-11ea-bc98-52540088cada

23. https://www.baua.de/DE/Angebote/Publikationen/Berichte/Stressreport-2019.pdf?

24. https://innovation-gute-arbeit.verdi.de/++file++6012e59353e8970dd439553a/download/Studie_Leistungssteuerung_Arbeitsintensitaet.pdf

25. Boes, Stefan/Stich, Maria. *Warum dich Zeitdruck nicht leistungsfähiger macht.* Perspective Daily (https://perspective-daily.de/article/1644/gGbKtl3a) 2021.

26. Deutsche Gesellschaft für Zeitpolitik. *Manifest der Deutschen Gesellschaft für Zeitpolitik* 2005.

27. Haraldsson, Guðmundur D./Kellam, Jack. *Going Public: Iceland's Journey to a shorter working week.* Autonomy 2021.

28. Jacobs, Luisa. *»Die Viertagewoche könnte auch in Deutschland funktionieren«.* Zeit Online (https://www.zeit.de/arbeit/2021-07/island-4-tage-woche-reduktion-arbeitszeit-politikwissenschaftler-jack-kellam) 2021.

29. Herzog, Lisa. *Die Rettung der Arbeit. Ein politischer Aufruf.* München, Hanser 2019. S. 63.

30. Boes, Stefan/Stemmler, Sarah. *Was gefällt dir an deiner Arbeit?* Perspective Daily (https://perspective-daily.de/article/777/3HgFLEh7) 2019.

31. http://www.econ.yale.edu/smith/econ116a/keynes1.pdf

32. https://stats.oecd.org/index.aspx?DataSetCode=ANHRS

33. https://www.destatis.de/DE/Themen/Arbeit/Arbeitsmarkt/Qualitaet-Arbeit/Dimension-3/woechentliche-arbeitszeitl.html

34. https://www.igmetall.de/ueber-uns/geschichte/der-kampf-um-die-35-stunden-woche

35. https://www.bpb.de/nachschlagen/zahlen-und-fakten/soziale-situation-in-deutschland/61718/arbeitslose-und-arbeitslosenquote

36. https://www.arbeitsagentur.de/presse/2020-34-der-arbeitsmarkt-im-juni-2020

37. Hagelüken, Alexander/Peters, Benedikt. *»Die Vier-Tage-Woche wäre die Antwort«.* Süddeutsche Zeitung (https://www.sueddeutsche.de/politik/rezession-die-vier-tage-woche-waere-die-antwort-1.5000345) 2020.

38. https://www.igmetall.de/tarif/tarifrunden/metall-und-elektro/tarifergebnis-fuer-die-metall-und-elektroindustrie-2021

39. Rahner, Sven. *»Wir müssen die Arbeit umverteilen«.* Zeit Online (https://www.zeit.de/karriere/2014-06/interview-richard-sennett-arbeitszeit) 2014.

40. Wiegmann, Katharina. *»Viele Mütter sind einfach durch. Hier hat unsere Gesellschaft versagt«.* Perspective Daily (https://perspective-daily.de/article/1611/1c7daJjN) 2021.

41. https://www.baua.de/DE/Angebote/Publikationen/Berichte/F2398-2. html

42. https://www.new-work.se/de/newsroom/pressemitteilungen/jeder-zweite-beschaeftigte-wuerde-gerne-weniger-arbeiten

43. https://www.wsi.de/de/zeit-14621-gruende-fuer-teilzeittaetigkeit-nach-elternschaft-14737.htm

44. Hans-Böckler-Stiftung/Deutscher Gewerkschaftsbund (Hrsg.) *Atlas der Arbeit. Daten und Fakten über Jobs, Einkommen und Beschäftigung* 2018. S. 24.

45. https://www.igmetall.de/politik-und-gesellschaft/arbeitszeit-das-wollen-die-beschaeftigten

46. https://www.bosch.com/de/stories/einfuehrung-8-stunden-tag-bei-robert-bosch-1906/

47. Richter, Hedwig. *Der Kapitalismus ist gar nicht so gefräßig, wenn …* Zeit Online (https://www.zeit.de/kultur/2020-09/vier-tage-woche-arbeitsbedingungen-arbeitsrecht-kapitalismus) 2020.

48. Hans-Böckler-Stiftung/Deutscher Gewerkschaftsbund (Hrsg.) *Atlas der Arbeit. Daten und Fakten über Jobs, Einkommen und Beschäftigung* 2018. S. 25.

49. Rinderspacher, Jürgen P. *Mehr Zeitwohlstand! Vom besseren Umgang mit einem knappen Gut.* Freiburg, Herder 2017. S. 13.

50. https://www.europarl.europa.eu/germany/resource/static/files/europa_grundrechtecharta/_30.03.2010.pdf

51. https://efarbeitsrecht.net/wp-content/uploads/2020/02/Gutachten-Prof.-Bayreuther.pdf

Kapitel 6: Zeit für andere

1. Rinderspacher, Jürgen P. *Mehr Zeitwohlstand! Vom besseren Umgang mit einem knappen Gut.* Freiburg, Herder 2017. S. 39.

2. Herzog, Lisa. *Die Rettung der Arbeit. Ein politischer Aufruf.* München, Hanser 2019. S. 55.

3. Boes, Stefan/Stemmler, Sarah. *Was gefällt dir an deiner Arbeit?* Perspective Daily (https://perspective-daily.de/article/777/3HgFLEh7) 2019.

4. Badura, Bernhard/Ducki, Antje/Schröder, Helmut/Klose, Joachim/Meyer, Markus. *Fehlzeiten-Report 2018. Sinn erleben – Arbeit und Gesundheit.* Heidelberg, Springer 2018.

5. Boes, Stefan. *Arbeit ohne Sinn macht krank.* Zeit Online (https://www.zeit.de/arbeit/2018-09/fehlzeiten-report-arbeit-zufriedenheit-gesundheit) 2018.

6. Hans-Böckler-Stiftung/Deutscher Gewerkschaftsbund (Hrsg.) *Atlas der Arbeit. Daten und Fakten über Jobs, Einkommen und Beschäftigung* 2018. S. 10.

7. Kamerādea, Daiga/Wang, Senhu/Burchell, Brendan/Balderson, Sarah Ursula/Coutts, Adam. *A shorter working week for everyone: How much paid work is needed for mental health and well-being?* Social Science & Medicine (241) 2019.

8. Kamerādea, Daiga/Burchell, Brendan. *Acht Stunden Arbeit pro Woche sind genug für psychisches Wohlbefinden.* A&W blog (https://awblog.at/8-stunden-arbeit-pro-woche-sind-genug/) 2019.

9. Rinderspacher, Jürgen P. *Mehr Zeitwohlstand! Vom besseren Umgang mit einem knappen Gut.* Freiburg, Herder 2017. S. 10.

10. Schröder, Martin. *How working hours influence the life satisfaction of childless men and women, fathers and mothers in Germany.* Zeitschrift für Soziologie 47 (1) 2018. S. 65–82.

11. Schröder, Martin. *Was macht mich zufrieden?* Gehirn & Geist (4) 2021. S. 12–20.

12. https://www.bmfsfj.de/bmfsfj/themen/familie/familienleistungen/elterngeld/elterngeld-und-elterngeldplus-73752

13. https://www.destatis.de/DE/Presse/Pressemitteilungen/Zahl-der-Woche/2021/PD21_19_p002.html

14. https://www.presseportal.de/pm/64022/4530827

15. Jurczyk, Karin/Mückenberger, Ulrich. *Einführung: Atmende Lebensläufe – Utopie und zeitpolitische Baustelle.* In: Zeitpolitisches Magazin (28) 2016. S. 1–5.

16. Boes, Stefan. *Dein Lebenslauf braucht mehr Luft zum Atmen.* Perspective Daily (https://perspective-daily.de/article/740/brv5CSJZ) 2019.

17. https://www.bundesgesundheitsministerium.de/fileadmin/Dateien/3_Downloads/P/Pflegebericht/Siebter_Pflegebericht_barrierefrei.pdf

18. https://www.spd.de/fileadmin/Bilder/SPDerneuern/201902_PV-Klausur/20190210_Neuer_Sozialstaat.pdf

19. https://www.spd.de/fileadmin/Dokumente/Beschluesse/Programm/SPD-Zukunftsprogramm.pdf

20. https://www.csu.de/common/download/Regierungsprogramm.pdf

21. https://cms.gruene.de/uploads/documents/Wahlprogramm_DIE_GRUENEN_Bundestagswahl_2021.pdf

22. https://www.fdp.de/sites/default/files/2021-06/FDP_Programm_Bundestagswahl2021_1.pdf

23. https://www.die-linke.de/fileadmin/download/wahlen2021/BTWP21_Entwurf_Vorsitzende.pdf

24. https://cdn.afd.tools/wp-content/uploads/sites/111/2021/05/2021-05-20-_-AfD-Bundestagswahlprogramm-2021.pdf

25. Corino, Eva. *Das Nacheinander-Prinzip: Vom gelasseneren Umgang mit Familie und Beruf.* Berlin, Suhrkamp 2018.

26. https://www.mein-grundeinkommen.de/erkenntnisse/was-ist-es

27. Koebe, Josefine/Samtleben, Claire/Schrenker, Annekatrin/Zucco, Aline. *Systemrelevant, aber dennoch kaum anerkannt: Entlohnung unverzichtbarer Berufe in der Corona-Krise unterdurchschnittlich.* DIW aktuell (48) 2020.

28. Oxfam Deutschland. *Im Schatten der Profite. Wie die systematische Abwertung von Hausarbeit, Pflege und Fürsorge Ungleichheit schafft und vertieft* 2020.

29. Nowotny, Helga. *Eigenzeit. Entstehung und Strukturierung eines Zeitgefühls.* Frankfurt am Main, Suhrkamp 1989 (1987). S. 9.

30. Malberger, Lara/Boes, Stefan. *Was du tun kannst, wenn du dich einsam fühlst.* Perspective Daily (https://perspective-daily.de/article/1468/yDOvZcWq) 2020.

31. Eyerund, Theresa/Orth, Anja Katrin. *Einsamkeit in Deutschland. Aktuelle Entwicklung und soziodemographische Zusammenhänge.* IW-Report (22) 2019.

32. Khazan, Olga. *How Loneliness Begets Loneliness.* The Atlantic (https://www.theatlantic.com/health/archive/2017/04/how-loneliness-begets-loneliness/521841/) 2017.

33. Mogilner, Cassie/Chance, Zoë/Norton, Michael I. *Giving Time Gives You Time*. Association for Psychological Science 23 (10) 2012. S. 1233–1238.

34. Ex:Re. *Where The Time Went*. Auf: *Ex:Re*. 4AD 2018.

Stefan Boes, geboren 1987, ist Journalist und Autor. Er studierte Soziologie und Literaturwissenschaft in Bielefeld. Seine journalistische Ausbildung machte er bei der Regionalzeitung Neue Westfälische. Seit 2018 ist er Autor für Zeitpolitik, Arbeit und Gesellschaft bei Perspective Daily, dem ersten werbefreien Onlinemagazin für Konstruktiven Journalismus im deutschsprachigen Raum. Er ist Mitglied der Deutschen Gesellschaft für Zeitpolitik und lebt im Münsterland.

Perspective Daily

Dieses Buch ist ein Produkt des Onlinemagazins Perspective Daily.

Perspective Daily ist das unabhängige und werbefreie Magazin für konstruktiven und lösungsorientierten Journalismus. Hier findest du spannende und exklusive Perspektiven und Recherchen zu den großen Themen unserer Zeit: von Gesundheit, Klimawandel und Wirtschaft zur Zukunft von Demokratie, Arbeit und digitalen Medien.

Auch Stefan Boes setzt hier seine Suche nach einem nachhaltigeren Umgang mit der Zeit fort.